Jörg Schmitt-Kilian

Radeln für die Seele

Mosel

Droste Verlag

ALLE TOUREN AUF EINEN BLICK

Schloss von der Leyen, Kobern-Gondorf

Bevor es losgeht:

TIPPS FÜR EINE (ENT-)SPANNENDE MOSEL-RADTOUR

1. Bei Bedarf **Radlerbus** reservieren: www.regioradler.de
2. Alle Busse haben **Mehrzweckflächen** (Platz für 4 Räder): www.radbusse.de
3. Die Anreise mit der Bahn planen: www.bahn.de, www.moselwein-bahn.de
4. Lässt sich eine **Schifffahrt** in die Tour einbauen?
5. In Hochwasserzeiten nach dem **Pegelstand** erkundigen: www.hochwasser-rlp.de
6. Lassen sich „Hochwasserstraßen" durch die Weinberge nutzen?
7. Ist eine „Bergstrecke" auch ohne **E-Bike** zu bewältigen?
8. **Alternativstrecken** in Sichtweite zum offiziellen Radweg sind meist Feldwege und nur bei Trockenheit gut befahrbar.
9. Bieten die Orte entlang der Route kostenlose **Audio-Guides** an?
10. Die kostenlose **Lauschtour-App** enthält Informationen zu Sehenswürdigkeiten und Stadtführungen und ist unterwegs auch ohne Internet nutzbar.
11. Finden auf der Strecke **Großveranstaltungen** statt?

Liebe Genussradler,

warum in die Ferne schweifen, wenn die Mosel fließt so nah?!

In zahlreichen Kehren mäandert Mutter Mosel langsam durch eine beeindruckende Kulturlandschaft – vorbei an malerischen Winzerdörfern, beeindruckenden Burgen und steil aufragenden Weinberglagen –, bis der ruhige Fluss sich in Koblenz mit dem temperamentvolleren Vater Rhein vereint.

Der Fluss, die Weinberge, die Orte, die idyllischen Seitentäler abseits der Touristenwege und die Gastfreundlichkeit der Moselaner sind ein gutes Rezept, um dem Alltag zu entfliehen.

Wir wollen bei den Touren keine Tagesetappen-Rekorde erzielen, sondern genügend Zeit zur Entspannung an Lieblingsorten einplanen. Auch auf der Rückfahrt zum Startpunkt bieten sich durch unterschiedliche Perspektiven immer wieder neue Eindrücke und das genussvolle Radeln wird zum Balsam für unsere Seelen.

So wird uns am Ende eines ereignisreichen Tages bewusst, dass nicht die Anzahl der Kilometer das Wohlbefinden steigert, sondern die vielfältigen Eindrücke, die wir in uns aufsaugen.

Egal, wo wir anreisen, eine Übernachtung buchen, unser Zelt aufbauen oder das Wohnmobil abstellen: Wir können überall starten.

Ich wünsche Ihnen (ent-)spannende Stunden, eine erholsame Zeit und Glücksmomente, die bleibende Erinnerungen hinterlassen.

Ihr Jörg Schmitt-Kilian

NATUR-INFO

KULTUR-INFO

TOUREN-/EVENT-INFO

GENUSS-INFO

- 18 Kilometer
- 80 Höhenmeter
- 4 Stunden
- Rundtour

Garten der Sinne

Von Kobern nach Alken

Unsere heutige Route halten wir mit nur 18 Kilometern bewusst kurz, denn Alken und die Burg Thurant sind einen längeren Aufenthalt wert. Es lockt ein Besuch bei einem der Winzer in den schattigen Gassen des Ortes oder auf einer der sonnigen Terrassen direkt am Moselufer.

Wir parken unser Auto am **Bahnhof Kobern-Gondorf** und radeln auf der **Römerstraße** links durch den Ort, passieren **Schloss Liebig.** Die Straße macht eine Rechts- und Linkskurve, wir folgen ihr weiterhin, vorbei an uralten Winzerhäusern. An manchen Stellen haben wir den Eindruck, die Zeit sei stehen geblieben. Links von uns erhebt sich **Schloss von der Leyen (1),** die einzige Wasserburg an der Mosel. Das direkt am Flussufer ge-

Schloss Liebig

legene Bauwerk wurde zwar in den 1970er-Jahren für den Durchbruch der Bundesstraße „untertunnelt", aber noch immer ist diese um 1560 erbaute weitläufige Anlage einzigartig.

Die **Römerstraße** bringt uns durch den alten Ortskern bis zum Ortsausgang. Wir überqueren vorsichtig – auf Autoverkehr achten! – die **Maifeldstraße,** biegen links ab und folgen der Landstraße leicht bergauf. Vor uns haben wir wieder Blickkontakt zur Mosel und rollen nach einer Rechtskurve zwischen zwei Felsen leicht bergab Richtung **Lehmen.** An einer Abzweigung folgen wir nicht (!) der linken abschüssigen Straße Richtung Mosel, sondern dem **Rad-Hinweisschild** weiter auf der **Hauptstraße** mitten durch den Ort. Die Bahnlinie zu unserer Linken, radeln wir entlang der Straße **Im Oberdorf** auf dem etwas höher gelegenen, gut ausgebauten Radweg mit Ausblicken auf die gegenüberliegende Moselseite und gönnen uns eine Auszeit im **Razejungewingert ②,** dem Weinberg des Vereins Lehmer Razejunge. Der Name leitet sich von „Raz" ab, ei-

Schloss von der Leyen

Für die Seele

Wir entspannen im „Garten der Sinne“, erobern Burg Thurant, genießen den Blick, besuchen Moselwinzer und stärken uns in einem Gasthaus direkt am Fluss.

Razejungewingert

nem geflochtenen Rückentragekorb, mit dem früher der Stallmist zur Düngung in die steilen Weinberglagen getragen wurde. Der Verein pflegt das Brauchtum des Weinbaus in der einzigartigen Kulturlandschaft der Terrassenmosel und wurde dafür mit mehreren Klimaschutzpreisen ausgezeichnet.

Wir genießen diese Oase der Ruhe mit allen Sinnen. Der Geruch des Lavendelfelds steigt in unsere Nase, und die Augen können sich an der Vielfalt der Pflanzen nicht sattsehen. Fasziniert beobachten wir Schmetterlinge in beeindruckenden Farbkombinationen – der Apollofalter etwa ist an der Mosel oft zu

*Der 300 Meter lange Weinbergerlebnispfad im **Razejungewingert** bietet Bildtafeln zu Weinbau, Pflanzen und Tieren. Mit 50 Gewächsarten und 3000 Lavendelpflanzen ist der Kräutergarten ein Eldorado für Schmetterlinge, Bienen, Hummeln – und für Radlerinnen und Radler!*

sehen. In unseren Ohren klingt das leise Summen der Insekten, die sich in diesem Naturparadies wohlfühlen.

Nachdem wir unsere Sinne aufgetankt haben, steigen wir auf die Drahtesel und „reiten" bis zum Ende des nun abschüssigen Radwegs. Hier steigen wir aus dem Sattel, schieben die Räder durch eine Bahnunterführung und stoßen auf die **B 416.** Wir überqueren die Straße nicht, sondern biegen direkt hinter der Unterführung rechts ab. Radfahrer schneiden hier oft die Kurve. Um einen Zusammenstoß zu vermeiden, steigen wir erst wieder auf unsere fahrbaren Untersätze, wenn wir den Gegenverkehr im Blick haben.

Wir fahren auf einem breiten Radweg auf der rechten Seite der Bundesstraße weiter. Auch im Ort **Kattenes** bewegen wir uns rechts von der Straße – der linke

Burg Thurant

Im Ort Alken

Seitenstreifen wird innerorts als Parkplatz benutzt. Erst am Ortsende wechseln wir an der Fußgängerfurt auf die linke Seite der Bundesstraße. An einer Bank legen wir einen Fotostopp ein. Von hier präsentiert sich auf der anderen Seite der Mosel unser heutiges Ziel Alken in seiner ganzen Schönheit. Oberhalb des Ortes thront über den Weinbergen auf einem breiten Bergsporn die malerische Burg Thurant. Wir werden die Atmosphäre dieses reizenden Dorfes später auf uns wirken lassen, aber zunächst heißt es noch einmal aufsitzen.

An der Fußgängerfurt vor **Löf** queren wir erneut die Bundesstraße, fahren über die Moselbrücke und biegen am anderen Ufer an der **Moselstraße** rechts ab Richtung **Alken.**

Im Ort nehmen wir uns Zeit für einen genüsslichen Stopp, um die besondere Atmosphäre zu genießen. Alken ist einer der schönsten Winzerorte an der Terrassenmosel und ein hervorragender Ausgangspunkt für Radtouren und Wanderungen. Die Sonne verschwindet hier relativ spät hinter den Weinbergen,

Die **alte Kirche St. Michael** in Alken wurde erstmals 1015 erwähnt. Führungen sowie die Vorführung der Multimedia-Präsentation „Zeitreise – 1000 Jahre alte Kirche St. Michael“ sind auf Anfrage möglich.

sodass die Terrassen der Gastronomie an der Moseluferstraße bis in die Abendstunden zu einem Sundowner einladen. Eine kleine Weinprobe oder ein Winzerschmaus bietet sich in dieser Umgebung besonders an. Aber auch ein Kaffee, ein Eis oder ein Kuchen an der Promenade entlang des Flussufers haben ihren Reiz. Wir entscheiden uns heute für eine Einkehr in das **Turmgasthaus Burg Thurant** 3 unmittelbar an der Moselstraße. Außerdem wollen wir die in Privatbesitz befindliche – aber für Gäste geöffnete – Burg Thurant und die alte Kirche St. Michael besichtigen. Beide werden wir auf Schusters Rappen erobern.

Dazu radeln wir in die **Bachstraße** und suchen dort eine geeignete Abstellmöglichkeit für unsere Drahtesel. Dann wandern wir über eine steile, von alten Kreuzwegstationen gesäumte Treppe zur **alten Kirche St. Michael** 4.

Durch ein großes Eisengitter werfen wir mit einem leichten Anflug von Schauder einen Blick auf die Skelette im Gebeinhaus. Aus Platzmangel auf dem Friedhof wurden die Gebeine in die Kirche umgebettet. Im Chorraum der Kirche staunen wir über die gut erhaltenen Fresken aus der Mitte des 14. Jahrhunderts.

Dann geht es weiter auf einem behutsam ansteigenden Weg mitten durch die Weinberge unterhalb der Burg, bis wir auf deren Zufahrt stoßen. Dort gehen wir links weiter. Wir genießen in Ruhe den herrlichen Weitblick. Schließlich erreichen wir **Burg Thurant** 5, die wir ohne Führung erkunden können. Wir wandern über den Wehrgang, werfen einen Blick in Waffenkammer und Gewölbekeller, lassen die einzigartige Aussicht vom „Kölner Turm" auf uns wirken und rasten im herrlichen Innenhof.

*Sportliche und **Pedelec-Fahrer** erreichen Burg Thurant auch per Rad. Vom Moselufer geht es rechts in die Maltheserstraße, an deren Ende rechts in die Oberstraße. Hinter einem Torbogen folgen wir links dem Weg Vor Thurant bis zu einer Autostraße, die uns links zur Burg Thurant bringt.*

Burg Thurant

Nach der Rückkehr zu unseren Rädern und zur Moselstraße fahren wir auf dem Radweg direkt neben der **Bundestraße 49** weiter bis **Oberfell.**

Hier folgen wir den Hinweisschildern mit dem **grünen Pfeil,** biegen von der Bundesstraße rechts ab und radeln durch den Ort (nicht entlang der Mosel, da der Seitenstreifen immer von Autos zugeparkt ist!). Am Ortsende folgen wir wiederum dem **grünen Pfeil** nach links, rollen auf der **Weinstraße** bergab zur Mosel und biegen an der **Moselstraße** rechts ab. Nach rund 400 Metern überqueren wir die Bundesstraße 49 und folgen dem Radweg bis **Niederfell.**

Hier bietet sich eine Einkehr im **Weingut Lubentiushof** ❻ bei Andreas Barth an. Barth ist der Kellermeister von Günther Jauch. Die Vinothek des Weinguts hat das Architekturbüro Hessel geplant, wofür es mit dem „Architekturpreis Wein“ ausgezeichnet wurde. Eine Weinverkostung in der kleinen, äußerst geschmackvoll eingerichteten Weinwerkstatt ist nach vorheriger Absprache möglich.

Hinter dem Ortsausgang von Niederfell fahren wir über die Moselbrücke zu unserem Ausgangspunkt zurück.

Wer mag, legt vor der Brücke noch einen **kulinarischen Abstecher** ein, fährt geradeaus an der Mosel weiter nach **Dieblich** und besucht das **Landhaus Halferschenke** ❼. Christoph Schmah und seine Frau haben das historische Gemäuer liebevoll restauriert. Auf der Terrasse oder im Innenhof lassen wir den Tag ausklingen. Der Koch kann auf 15 Jahre Berufserfahrung in Restaurants zurückblicken, die mit Gault-Millau-Punkten oder Michelin-Sternen bewertet wurden.

*Der Name des 1832 erbauten Bruchsteinhauses **Halferschenke** erinnert an die Halfer. Sie zogen mit ihren Pferden von Treidelpfaden am Ufer aus Schiffe mühsam stromaufwärts. Das alte Gebäude diente ihnen als Rasthaus.*

Halferschenke

Gondorf
P
DB
416
49
7
411
Bachstraße
Römerstraße
Maifeldstraße
Nothbach
1
6
Aspeler Bach
Dreckenach
L 122
Niederfell
K 70
Lehmen
L 82
2
K 42
Mosel
Oberfell
49
Moselsürsch
Hauptstraße
K 71
Kattenes
4
Alkener Bach
3
5
Alken
L 207
Löf
416

Entspannung ✱✱✱✱✱
Genuss ✱✱✱✱✱
Romantik ✱✱✱✱✱

WIE & WANN:
Asphaltierte Wege, meist autofrei; das ganze Jahr möglich, empfohlene Jahreszeit: Frühling bis Herbst

HIN & WEG:
Auto: Parkplatz am Bahnhof Kobern-Gondorf, 56330 Kobern-Gondorf (GPS: 50.30026, 7.46018)
ÖPNV: RE 1, RE 11 oder RB 81 bis Kobern-Gondorf

ESSEN & ENTSPANNEN:
Turmgasthaus Burg Thurant ❸ Moselstraße 15, 56332 Alken, Tel. (0 26 05) 8 49 85 80, www.turmgasthaus.de
Weingut Lubentiushof ❻ Kehrstraße 16, 56332 Niederfell/Mosel, Tel. (0 26 07) 81 35, www.lubentiushof.de
Landhaus Halferschenke ❼ Hauptstraße 63, 56332 Dieblich, Tel. (0 26 07) 7 49 91 54, www.halferschenke-dieblich.de

ENTDECKEN & ERLEBEN:
Schloss von der Leyen ❶ Von-der-Leyen-Platz 5, 56330 Kobern-Gondorf
Razejungewingert ❷ www.lehmer-razejunge.de
Alte Kirche St. Michael ❹ Von-Wiltberg-Straße 18, 56332 Alken, Tel. (0 26 05) 83 60
Burg Thurant ❺ 56332 Alken, Tel. (0 26 05) 20 04, www.thurant.de

- 50 Kilometer
- 340 Höhenmeter
- 4 Stunden
- Rundtour

Ladenmuseum

Alte Dörfer

Vom Moseltal ins weite Maifeld

Wir starten am Bahnhof in in **Hatzenport,** fahren auf der **Oberstraße** Richtung Cochem und biegen an der nächsten Weggabelung rechts ab in die Straße **Im Schrumpftal.**

Auf einer schmalen, kurvenreichen Landstraße, auf der nur wenige Autos unterwegs sind, radeln wir leicht bergauf durch das idyllische Schrumpftal. Der „Baumtunnel", durch den wir fahren, spendet an heißen Tagen Schatten. Neben uns schlängelt sich der Schrumpfbach dahin und begleitet uns mit seinem leichten Plätschern. Die gemächliche Fahrt geht vorbei an alten Mühlen, von denen leider keine mehr in Betrieb ist. Irgendwann wird das Tal weiter und gibt den Blick auf die ersten Wiesen frei.

An der **Steinsmühle** biegen wir rechts ab und fahren leicht bergauf nach **Mörz.** Zwei weltweit bekannte Söhne dieses kleinen Dorfes sind Joseph Wolf, der bedeutende Tiermaler des 19. Jahrhunderts, und der Sänger Thomas Anders.

Im Ort stoßen wir auf die **Moselstraße,** der wir nach links folgen. Wir radeln langsam durch das Dorf und werfen neugierige Blicke in die liebevoll gestalteten Innenhöfe von Bauernhäusern, die offenbar durch eine Renovierung aus ihrem Dornröschenschlaf geweckt wurden. In einigen Anwesen und vor einer kleinen Kapelle stehen große Skulpturen aus Holz und Stein. Hier wohnen viele Lebenskünstler, die sich auf das Land zurückgezogen haben (weitere Infos siehe Tour 9, S. 103).

Wir folgen einer Linkskurve in die **Maximinstraße**

und radeln auf der schmalen (wenig befahrenen) Landstraße leicht ansteigend in Richtung **Münstermaifeld.** Von der Höhe haben wir einen herrlichen Weitblick. Nach links schauen wir über das Tal der Mosel bis tief in den Hunsrück hinein. Rechts schweifen unsere Blicke über die sanft gewellten Hügel des Maifelds, das besonders zur Zeit der Rapsblüte im Frühjahr wie ein riesiger bunter Flickenteppich aussieht. Nur gelegentlich unterbrechen kurze Baumreihen und niedrige Hecken die beinahe endlose Weite der Felder und Wiesen. In der Ferne erheben sich die Vulkankegel der Eifel. Auf dem fruchtbaren Ackerboden des Maifelds bauen die Landwirte hauptsächlich Getreide, Kartoffeln, Spargel und Raps an. In zahlreichen Hofläden werden regionale Produkte angeboten.

Schon von Weitem erkennen wir die in ihren Ursprüngen romanische Stiftskirche, die inmitten der Häuser von Münstermaifeld wie ein riesiges Bollwerk auf dem höchsten Hügel des Maifelds thront. Am Ortsrand biegen wir links in die **Kalter Straße** ein, dann nach einer Linkskurve rechts in die Straße **Probsteihof,**

Kirche in Hatzenport

Für die Seele

Ein idyllisches Seitental, alte Mühlen, eine imposante Stiftskirche und die Weite des Maifelds: Wir gehen abseits der Touristenpfade auf Entdeckungsreise.

Münstermaifeld

schließlich rechts in die **Stiftsstraße,** umrunden die Kirche und erreichen den Ortskern von **Münstermaifeld.**

Die Stadt kann auf eine uralte Geschichte zurückblicken. Auf dem Vorplatz der Kirche wurden 2008 in einem Gräberfeld komplette Waffenrüstungen sowie Schmuckstücke aus Gold, Silber und Bronze von der Frankenzeit bis zurück zur Steinzeit entdeckt. Diese Funde sind im **Archäologischen Museum Maifeld** (1) im Gewölbe unter der **Tourist-Information** zu sehen.

Das malerische Stadtbild von Münstermaifeld ist mittelalterlich geprägt. In den engen Gassen stehen Häuser aus jener Zeit, als das Stift St. Martin und St. Severus das Geschehen nicht nur innerhalb der Stadtmauern, sondern bis hinaus in die kleinen Dörfer des Maifelds bestimmte. Bereits seit dem 6. Jahrhundert hatte eine Priestergemeinschaft von Martinsbrüdern

*Die **Stiftskirche** mit ihren wertvollen Fresken stammt aus dem 13. Jahrhundert. Eindrucksvoll ist ihr Westwerk, das noch auf die romanische Zeit zurückgeht. Im rechteckigen Mittelturm sind Quader mit römischer Inschrift eingemauert.*

die Region christianisiert. Vom Wirken der geistlichen Herren in der Stadt zeugt auch die **Stiftskirche St. Martin** ❷ mit ihrem imposanten burgähnlichen Aussehen.

Ein Rundgang durch den historischen Ortskern mit den sehenswerten Stadthäusern und ihren Innenhöfen ist ein absolutes Muss. Wer den Ort allein erkunden will, erhält in der **Tourist-Information Münstermaifeld** am Münsterplatz einen Flyer für den einstündigen Rundgang mit einer Beschreibung der wichtigsten Sehenswürdigkeiten. Einige Stationen des Rundgangs sind mit einem QR-Code ausgestattet, sodass wir weitere Hintergrundinformationen direkt vor Ort abfragen können. Bei einer vorab gebuchten Stadtführung können wir zwischen verschiedenen Themenbereichen wählen. Die Stadtführer vermitteln nicht nur Wissenswertes über die Geschichte der Stadt, sondern bringen uns auch mit der einen oder anderen Anekdote zum Schmunzeln.

Besonders gefallen uns die Besichtigung der Stiftskirche und der Besuch in den detailgetreu ausgestatteten alten Ladenlokalen, die uns in die Kindheit zurückversetzen. Im **Heimatmuseum Alte Propstei** ③ betreten wir noch einmal alte Lebensmittelläden und Werkstätten heute fast vergessener Berufe wie Schuhmacher, Sattler und Schneider. Dann empfangen uns ein Klassenraum mit Tafel und Kreide, danach eine Kneipe, eine Arztpraxis und ein Damenhutladen. Vor unserem geistigen Auge tauchen Bilder auf, das Kopfkino der Erinnerungen startet und längst vergangene Tage werden gegenwärtig wie schon lange nicht mehr. Wir haben das Gefühl, als hätten die hochbetagten Inhaber ihre Geschäfte soeben erst verlassen, ja, als seien sie kurz vor unserem Eintreffen einfach in die Mittagspause verschwunden.

Vom Münsterplatz ist es nur ein Katzensprung in die Herrenstraße. Nach telefonischer Voranmeldung können wir hier das Künstleratelier und die **Galerie Wolfgang Eberhardt** ④ besuchen (siehe auch Tour 9, S. 101). In direkter Umgebung der Stiftskirche bietet sich auch

*Mit dem **Heimatmuseum Alte Probstei** haben wir Deutschlands größtes Laden-Museum vor uns. Kolonialwaren aus der Zeit der Tante-Emma-Läden und Originalmöbel sorgen für eine authentische (Einkaufs-)Reise in die Vergangenheit.*

Kapelle bei Mertloch

*Die **kulinarische Stadtführung in Münstermaifeld** beginnt mit einem Aperitif und Maifelder Tapas. Nach einem zweistündigen Rundgang serviert Günter Löffels Landhausteam ein dreigängiges regionales Überraschungsmenu im ehemaligen Marionettentheater.*

eine Rast an. Wir haben die Qual der Wahl zwischen **Löffels Landhaus** ⑤ und dem **Hotel-Restaurant Athen** ⑥.

Nun legen wir einen kleinen Abstecher auf einer Teilstrecke des Maifeld-Radwegs vom Münstermaifeld über Naunheim, Mertloch bis zum alten Bahnhof nach Polch ein. Dazu fahren wir über die **Stiftsstraße** zum **Stationenweg,** biegen nach rechts in die **Raiffeisenstraße** ein und beim **alten Bahnhof Münstermaifeld** links ab auf den ausgeschilderten **Maifeld-Radweg.** Wo früher Dampfloks schnauften und rote Schienenbusse ratterten, radeln wir fernab vom Autoverkehr durch die Stille der Landschaft und genießen die Weitsicht in alle Himmelsrichtungen. Den breit und gut ausgebauten Radweg säumen Bäume und Sträucher. Sie gewähren uns zum einen genügend Durchblicke, spenden andererseits bei sommerlicher Hitze auch ausreichend Schatten.

In Polch radeln wir bis zum **ehemaligen Bahnhof.** Im **Stadthaus** können wir das **Spielzeug- und Puppenmuseum** ⑦ besuchen. Das ehemalige Maifelder Bauernhaus beherbergt über 1300 Einzelobjekte und 250 Bilder-, Märchen- und Kinderbücher, die auch Erwachsenenaugen zum Leuchten bringen. Wir radeln dazu direkt gegenüber vom Bahnhof bergab in die **Gartenstraße,** folgen an der zweiten Kreuzung geradeaus der **Kirchstraße** bis zur Kirche und biegen rechts ab auf den **Marktplatz.**

Bei unserer Rückfahrt nach Münstermaifeld lernen wir den schon bekannten Bahntrassenradweg aus einem anderen Blickwinkel kennen. Hinter dem **alten Bahnhof in Münstermaifeld** biegen wir rechts in die **Raiffeisenstraße** ein und strampeln bergauf. Am Ende der Straße geht es links in der **Bahnhofstraße** weiter und auf der Hauptstraße (Unterdorfstraße) weiter bis zum braunen Hinweisschild zur **Stiftskirche.** Hier schwenken wir links in die **Martinstraße** zum **Münsterplatz,** halten uns wieder links und umrunden die Stiftskirche auf der **Stiftsstraße.** Dann biegen wir links ab in die Straße **Probsteihof,** fahren vor einem **Wasserturm** rechts und überqueren die Hauptstraße **(Frankenstraße).** Auf der anderen Seite rollen wir auf der Straße **Naaf –** rechts erstreckt sich ein kleines Industriegebiet – und weiter über einen Wirtschaftsweg geradeaus bergab in Richtung des Münstermaifelder Ortsteils **Metternich.** Vor dem Ort biegen wir an der Kreuzung rechts ab, folgen dem zweiten Weg links **In der Feils** und stoßen auf die **Eifelstraße.** Hier fahren wir erneut links, biegen vor einer Kurve im Ort an der Abzweigung noch einmal links ab und sind in der Straße **Schrumpftal,** die uns zur **Steinsmühle** bringt. Auf dem schon bekannten Weg rollen wir zurück nach **Hatzenport.** Hier können wir im **Winzerhof Gietzen** ⑧**,** der es sogar einmal in die SWR-Fernsehserie „Lichters Originale" geschafft hat, den Tag ausklingen lassen. Wir erreichen ihn rasch, indem wir hinter der Bahnunterführung geradeaus der **Maifeldstraße** und dann rechts der **Moselstraße** folgen.

Winzerhof Gietzen

Polch
Kaan
Rüber
Dreckenach
Lehmen
Einig
Gering
Mertloch
Gappenach
Küttig
Kalt
Kollig
Gierschnach
Moselsürsch
Mörz
Naunheim
Münstermaifeld
Roes
Pillig
Metternich
Wierschem
Hatzenport
Löf
Alken
Mosel
Keverbach
Polcher Bach
St. Georgenbach
Nothbach
Dalkebach
Bimbach
Roter Erdbach
Elzbach
Schrumpfbach
Im Schrumpftal
Polcher Straße
48
L 52
L 113
K 48
K 49
L 112
K 46
K 32
L 122
K 31
K 45
K 34
L 82
L 110
K 42
K 43
K 41
K 40
K 71
L 207
K 27
K 35
K 37
K 39
L 109
K 72
49
416
DB
P
1
2
3
4
5
6
7
8

Entspannung ✸✸✸✸✸
Genuss ✸✸✸✸
Romantik ✸✸✸✸

WIE & WANN:
Asphaltierte Wege, meist autofrei; ganzjährig befahrbar, besonders schön zur Rapsblüte im Frühling

HIN & WEG:
Auto: Parkplatz am Bahnhof Hatzenport, 56332 Hatzenport (GPS: 50.22788, 7.41389), oder am Winzerhof Gietzen (siehe Essen & entspannen)
ÖPNV: RB 81 bis Hatzenport

ESSEN & ENTSPANNEN:
Löffels Landhaus ❺ Obertorstraße 42, 56294 Münstermaifeld, Tel. (0 26 05) 95 37 73, www.loeffelslandhaus.de
Hotel-Restaurant Athen ❻ Obertorstraße 4– 6, 56727 Münstermaifeld, Tel. (0 26 05) 17 15, www.hotel-restaurant-athen.de
Winzerhof Gietzen ❽ Moselstraße 70, 56332 Hatzenport, Tel. (0 26 05) 95 23 71, www.winzerhof-gietzen.com

ENTDECKEN & ERLEBEN:
Archäologisches Museum Maifeld ❶ in der Tourist-Information, Münsterplatz 6, 56294 Münstermaifeld, Tel. (0 26 05) 9 61 50 26, www.muenstermaifeld.de/tourist-info-maifeld
Stiftskirche St. Martin ❷ Münsterplatz, 56294 Münstermaifeld
Heimatmuseum Alte Propstei ❸ Münsterplatz 4, 56294 Münstermaifeld, Tel. (0 26 05) 35 56
Künstleratelier und Galerie Wolfgang Eberhardt ❹ Herrenstraße 26, 56294 Münstermaifeld, Tel. (0 26 05) 82 88, www.art-eberhardt.de
Spielzeug- und Puppenmuseum im Stadthaus Polch ❼ Marktplatz 2, 56751 Polch, Tel. (0 26 54) 9 40 22 41

Reichsburg Cochem

- 27 Kilometer
- 120 Höhenmeter
- 2,5 Stunden
- Rundtour

Natur & Historie

Zwischen Treis-Karden und Cochem

Auf der Straße **Am Laach,** neben der wir geparkt haben (oder etwas weiter auf dem Parkplatz vor der Brücke auf die Insel), radeln wir moselaufwärts, vorbei am **Baumarkt Röhrig.** Bereits nach wenigen Hundert Metern tauchen wir in den Schatten des Waldes ein. Der unbefestigte Weg führt parallel zum Fluss durch ein Naturschutzgebiet. Fern vom Autoverkehr fahren wir durch den Wald – sehr vorsichtig, denn an einigen Stellen haben kräftige Wurzeln den Weg erobert. Zwischendurch entfernen wir uns immer wieder etwas von der Mosel – aber wir behalten den Fluss immer im Blick.

Nach etwa 8 Kilometern haben wir wieder freie Sicht auf den Fluss und pausieren am **Anleger der Fähre,** die dieses Waldgebiet mit dem gegenüberliegenden

Radweg von Treis durch das Naturschutzgebiet

Ort Klotten verbindet. Wir kühlen am Ufer unsere Füße im ruhig dahinfließenden Moselwasser, lauschen an dieser einsamen Stelle inmitten des Naturschutzgebiets dem Gesang der Vögel und genießen abseits von den Hauptverkehrsadern die Ruhe des Waldes. Das alles versetzt uns in eine meditative Stimmung. Es fällt schwer, sich von diesem Ort des Friedens zu verabschieden, aber nach einer entspannenden Pause heißt es wieder aufsitzen.

Der Weg führt etwas abseits der Mosel weiter durch den Wald. Auf der rechten Seite liegen versteckte Wochenendgrundstücke mit kleinen Hütten, von denen einige offensichtlich schon länger nicht mehr benutzt wurden. Kurz vor Cochem stoßen wir auf den **Markweg,** nehmen an einem **Kreisel** die erste Ausfahrt in die **Stadionstraße** und radeln am **Campingplatz** und dem **Moselstadion** vorbei. Vor uns erhebt sich auf der anderen Moselseite hoch über der Stadt **Cochem** die majestätische Reichsburg aus dem Jahr 960. Aus allen Perspektiven beherrscht die größte Höhenburg an der Mosel mit ihren zahlreichen Türmen und Zinnen das Gesamtbild der Kreisstadt.

Fähre nach Klotten

Für die Seele

Wir genießen die Stille des Waldes, erobern eine Burg und erfahren unter der Erde einiges über das am besten gehütete Geheimnis der alten Bundesrepublik.

Enderttor

Wir unterqueren zwei Brücken und fahren von der **Stadionstraße** in die **Uferstraße.** Wer sich schon jetzt eine Pause gönnen möchte, könnte sich auf der Terrasse des **Hotel Weinstuben Hieronimi** (1) mit Blick auf die Altstadt von Cochem und die Burg ein Gläschen Wein aus eigenem Anbau der Inhaber genehmigen.

Alle anderen biegen bereits vorher, kurz nach der zweiten Brücke, links ab in die **Breite Straße,** dann links in die **Zehnthausstraße** und fahren über die **Brücke** auf die gegenüberliegende Moselseite zum Stadtkern.

An der Moselpromenade reihen sich die Hotels wie an einer Perlenschnur aneinander und am Flussufer ankern die Ausflugsschiffe. Die Besatzungen warten auf Touristen und Einheimische für eine Rundreise auf dem Fluss, die sich auch mit einer Radtour kombinieren lässt.

Gasse in Cochem

Nach der Brückenabfahrt biegen wir rechts ab und gönnen unseren Drahteseln auf dem **Endertplatz ❷** in der Nähe der **Tourist-Information Ferienland Cochem** eine Verschnaufpause. Hier können wir einen kostenlosen **Audioguide** downloaden und werden bei einem Rundgang von nur einem Kilometer in 40 Minuten die wichtigsten Sehenswürdigkeiten der Innenstadt kennenlernen. Die noch gut erhaltene Stadtmauer mit Befestigungswerken zeugt von Cochems belebter Vergangenheit.

Vom Endertplatz gibt es außerdem eine **Shuttlebus-Verbindung** auf die andere Moselseite zum **Bundesbankbunker ❸**, Deutschlands geheimstem Milliardenreich. Im Jahr 1966 druckte die alte Bundesregierung in Zeiten des Kalten Krieges aus Angst vor einer Hyperinflation geheimes Ersatzgeld. Es hätte gegebenenfalls die aktuelle D-Mark binnen 14 Tagen ersetzen können. In dem in den Moselhängen versteckten Bunker lagerte man die stattliche Summe von 15 Milliarden Deutsche Mark, was vor der Bevölkerung über zwei Jahrzehnte lang geheim gehalten wurde.

*Der ehemalige **Bundesbankbunker** ist seit 2016 offiziell ein Museum. Man erfährt zum Beispiel, dass ein Karton mit 100-Mark-Scheinen im Wert von 2 Millionen D-Mark stolze 23 Kilo wog.*

Bundesbankbunker

Marktplatz Cochem

Dabei erregte das Sprengen der für den Bau notwendigen Stollen seinerzeit große Aufmerksamkeit. Den Anwohnern erklärte man, es handelte sich um einen Luftschutzbunker zur Sicherheit der Bevölkerung im Falle eines atomaren Angriffs – was offenbar auch geglaubt wurde. Damit das Geld nicht feucht wurde und verrottete, war der Aufbewahrungsraum durch eine Tür aus acht Tonnen Stahlbeton gesichert.

Wenn wir die Burg Cochem „erobern" wollen, gehen wir vom **Endertplatz** Richtung Altstadt, unterqueren die Brücke, über die wir soeben in die Stadt geradelt sind, und setzen unseren Weg geradeaus fort bis zum Ende der Straße **Moselpromenade** (parallel zur B 49). Hier bietet sich das **Hotel Café Germania** ④ für eine Einkehr in anprechendem Ambiente an.

An der **Pater-Martin-Straße** biegen wir rechts ab und von dort links zum **Marktplatz** mit seinen sehenswerten historischen Gebäuden. Hier ist es über die **Oberbachstraße** nicht weit zur historischen Gaststätte **Zom Stüffje** ❺ mit ihren urigen Stuben.

Unser eigentlicher Stadtrundgang führt jedoch geradeaus weiter in die **Herrenstraße,** dann halb rechts in die **Schloßstraße** und immer bergauf bis zur **Reichsburg Cochem** ❻. Dort können wir eine Führung buchen – oder wir begnügen uns mit der herrlichen Aussicht und wandern danach wieder hinunter in den Stadtkern. (Wir könnten auf dem beschriebenen Weg prinzipiell auch mit dem Rad bis zur Burg fahren, allerdings sollten wir in den engen Gassen unsere Drahtesel schieben.)

Nach unserem Abstecher in die Altstadt und auf die Burg steigen wir am **Endertplatz** wieder auf die Räder, fahren zum Moselufer und folgen dem **grünen M** des **Mosel-Radwegs.** Wir könnten **alternativ** auch den hinter der Bahnlinie parallel verlaufenden **Hochwasser-**

*Die **Reichsburg Cochem** hat ihren Namen daher, dass sie unter den Staufern kaiserlicher Besitz wurde. 1689 von den Franzosen zerstört, wurde sie im 19. Jahrhundert im Stil der Ritterromantik wiederaufgebaut.*

Reichsburg Cochem

Mit einer der höchsten und steilsten Wildwasserbahnen und über 50 Wildtierarten in Natur- und Streichelgehegen ist ***Klotti*** *ein absolutes Highlight der Region. Greifvögel aus aller Welt zeigen bei Vorführungen ihre Flugkünste.*

weg nutzen, der kurz vor Klotten wieder auf den Mosel-Radweg mündet. Linker Hand liegt Klotti, der beliebte **Wild- und Freizeitpark Klotten** ⑦.

An einem Hang über den Weinbergen von **Klotten** thront die im 10. Jahrhundert erbaute **Burg Coraidelstein** ⑧. Diese Ruine gehört zu den ältesten Verteidigungsbauwerken des Moseltals und befindet sich heute im Privatbesitz, sodass wir sie nicht besuchen können. Zwischen Treis und Klotten ist übrigens die längste Strecke, auf der die Mosel kerzengerade und ohne Mäander, ohne Windungen, ihren Weg nimmt. Meist schlängelt sich der Fluss wie ein riesiges Reptil durch die Landschaft, andere sagen: wie ein nie endender Buchstabe S.

In **Klotten** werfen wir einen Blick auf die andere Seite des Flusses, wo wir auf der Hinfahrt in der Stille des Waldes unsere Pause eingelegt haben. Hinter der Mündung des Dortebachs entfernt sich die B 49 in einer leichten Rechtskurve von der Bahnlinie. Hier verlassen wir den ausgeschilderten Mosel-Radweg, überqueren die Bundesstraße, biegen noch vor der Bahnlinie rechts ab und genießen die Ruhe abseits der Straße. Obwohl es sich auf den ersten Blick anbietet, verzichten wir darauf, an der nächsten Einmündung, bei einem Haus in Alleinlage, die Bahnlinie zu unterqueren, sondern fahren stattdessen rechts Richtung Bundesstraße. Kurz vorher biegen wir links ab. Der gut befahrbare Wirtschaftsweg führt uns weiter parallel zur Bahnlinie und kurz vor **Pommern** wieder auf den **Mosel-Radweg** direkt neben der Bundesstraße.

Wenn unser Zeitfenster es erlaubt, bietet sich ein Besuch der **römischen Tempelanlage Martberg** (9) an. 180

Coraidelstein

Während der Ausgrabung der ***römischen Tempelanlage Martberg*** *wurde ein außergewöhnlicher Fund gemacht: Das Bruchstück einer einfachen Schüssel aus Sandstein entpuppte sich als Überrest einer antiken Sonnenuhr.*

Meter über der Mosel war hier in keltischer und römischer Zeit eine wichtige Kultstätte.

Um sie zu erreichen, biegen wir in Pommern vom Mosel-Radweg noch vor einem kleinen Flüsschen links ab in die Straße **Am Spilles,** überqueren die Zehnhthofstraße und fahren leicht versetzt geradeaus weiter auf der Straße Am Spilles. Dann geht es rechts ab in die **Lindenstraße,** anschließend links in die Straße **Am Goldberg,** die in der Verlängerung **Neuer Weg** heißt. Die asphaltierte Strecke geht in einen Schotterweg über. In der 180-Grad-Kurve folgen wir dem Weg mit dem Hinweisschild weiter hoch zur Tempelanlage **Martberg.** An Wochenenden in der Sommersaison ist auch das **Martberg-Café** geöffnet.

Wir radeln auf dem gleichen Weg wieder zurück auf den **Mosel-Radweg,** der uns zwischen Straße und Fluss zurück nach **Karden** führt. Hier befindet sich der

Start- und Zielpunkt der Tour für Bahnreisende. Von links mündet die St.-Castor-Straße ein, der Weg vom und zum Bahnhof. Autofahrer überqueren kurz dahinter die **Brücke** über die Mosel.

Auf dem anderen Flussufer, im Ortsteil **Treis,** biegen wir rechts ab, radeln in die **Brückenstraße** und danach wieder rechts durch die **Welsbachstraße** bis zur Moselallee. Hier geht es links entlang der Mosel weiter. Am Ende der **Moselallee** biegen wir rechts ab in die Straße **Am Laach** und haben rasch wieder unseren Ausgangspunkt erreicht.

Ein besonders schöner Abschluss für den erlebnisreichen Radtag ist es, wenn wir uns hier noch etwas Zeit nehmen und den Sonnenuntergang auf der Terrasse des **Café Restaurant Treiser Bootshaus** ⑩ genießen.

Abendstimmung

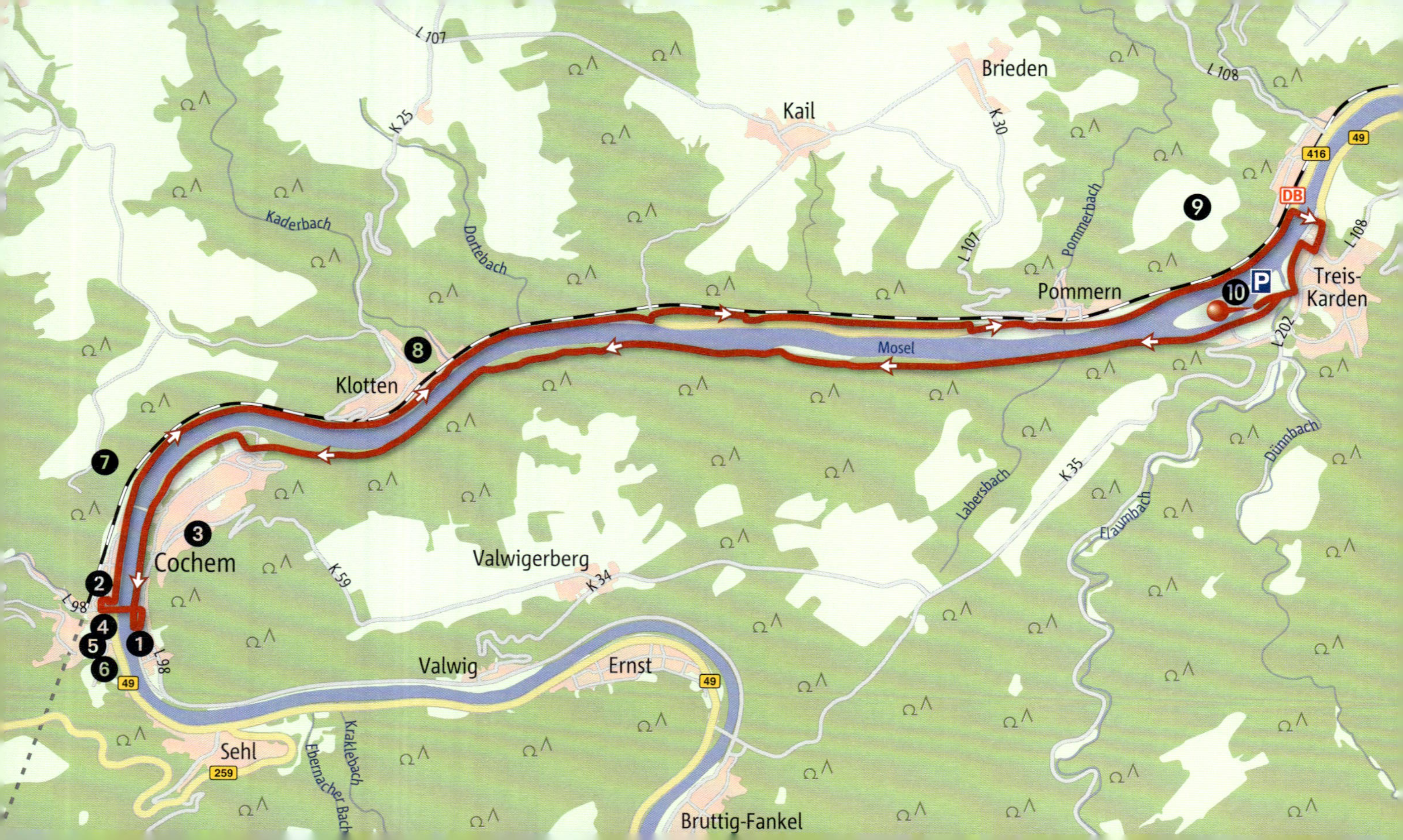

L 107
Brieden
L 108
Kail
K 25
K 30
49
416
DB
Kaderbach
Dortebach
L 107
Pommerbach
9
L 108
Treis-
Karden
Pommern
10
P
8
Mosel
L 202
Klotten
7
Dünnbach
Labersbach
K 35
Flaumbach
3
Cochem
Valwigerberg
K 59
2
L 98
K 34
4
5
1
6
L 98
Valwig
Ernst
49
49
Sehl
259
Kraklebach
Ebernacher Bach
Bruttig-Fankel

Entspannung ✱✱✱✱✱
Genuss ✱✱✱
Romantik ✱✱✱✱

WIE & WANN:
Schattige Waldwege und asphaltierte Wirtschaftswege; beste Zeit Frühling bis Herbst, wegen Matschgefahr nicht nach stärkeren Regenfällen

HIN & WEG:
Auto: Parken an der Straße Am Laach, Ortsteil Treis, 56253 Treis-Karden (GPS: 50.170512, 7.294719), oder am Sportboothafen (GPS 50.17063, 7.29266)
ÖPNV: RE 1, RE 11 oder RB 81 bis Treis-Karden; über St.-Castor-Straße Richtung Moselufer bis zur B 416, dort Einstieg in die Tour

ESSEN & ENTSPANNEN:
Hieronimi Weinstuben und Hotel ❶ Uferstraße 14–15, 56812 Cochem-Cond, Tel. (0 26 71) 72 71, www.hotel-hieronimi.de
Hotel Café Germania ❹ Moselpromenade 1, 56812 Cochem, Tel. (0 26 71) 9 77 50, www.mosel-hotel-germania.de
Zom Stüffje ❺ Oberbachstraße 14, 56812 Cochem, Tel. (0 26 71) 72 60, www.zomstueffje.com
Martberg-Café ❾ siehe Entdecken & Erleben
Café Restaurant Treiser Bootshaus ❿ Yachthafen, 56253 Treis-Karden, Tel. (0 26 72) 9 15 96 69, www.treiser-bootshaus.de

ENTDECKEN & ERLEBEN:
Endertplatz ❷
Bundesbankbunker ❸ Am Wald 13, 56812 Cochem-Cond, Tel. (0 26 71) 9 15 35 40, www.bundesbank-bunker.de
Reichsburg Cochem ❻ Schloßstraße 36, 56812 Cochem, Tel. (0 26 71) 2 55, www.reichsburg-cochem.de
Wild- und Freizeitpark Klotten („Klotti") ❼ Wildparkstraße 1, 56818 Klotten, Tel. (0 26 71) 6 05 44-0, www.klotti.de
Burg Coraidelstein ❽ **Römische Tempelanlage Martberg** ❾ Mühlenstraße 5, 56829 Pommern, Tel. (0 26 72) 91 35 52, www.martberg-pommern.de

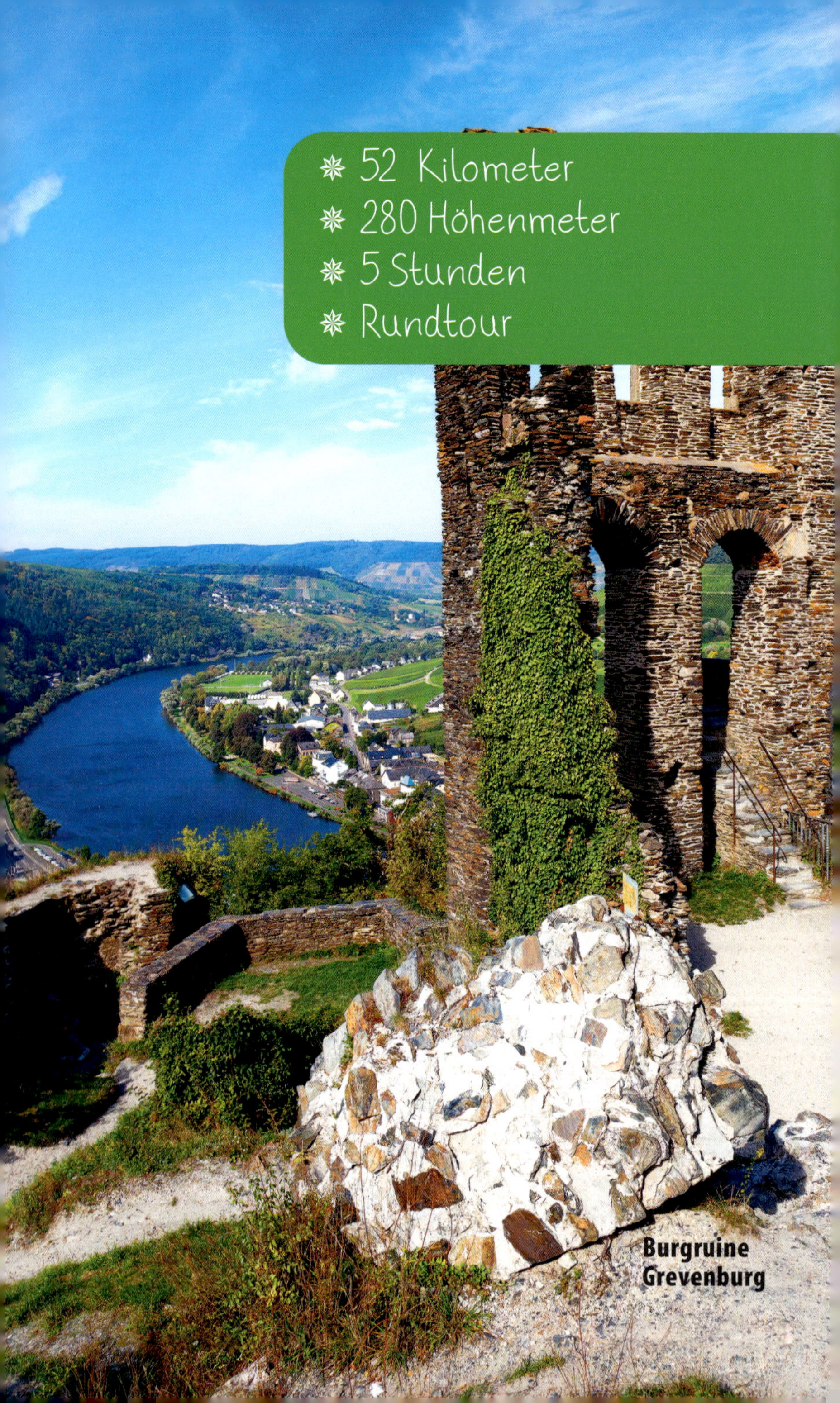

- 52 Kilometer
- 280 Höhenmeter
- 5 Stunden
- Rundtour

Burgruine Grevenburg

Engste Schleife

Zwischen Bullay und Traben-Trarbach

Wir starten vom Parkplatz in Nähe der **Doppelstockbrücke** ① zwischen Alf und Bullay. Dabei handelt es sich um eine kombinierte Eisenbahn- und Straßenbrücke, bei der die Schienen und die Fahrspur für die Autos nicht nebeneinander, sondern untereinander liegen (siehe auch Tour 7, S. 80).

Von hier fahren wir Richtung **Zell** und radeln über einen landschaftlich reizvollen, aber etwas holprigen Radweg abseits der Landstraße am Fluss entlang. Die Wurzeln der Bäume am Moselufer haben sich unter dem Verbundsteinpflaster ausgebreitet, und die so entstandenen Buckel hemmen unseren Vorwärtsdrang spürbar.

Start an der Doppelstockbrücke

An der Verengung dieser 14 Kilometer langen Moselschleife liegt aus unterschiedlichen Perspektiven immer wieder sichtbar hoch oben auf dem Hügel die Marienburg, die seit 2000 das Jugendbildungszentrum des Bistums Trier beherbergt. Ehrenamtlich Tätige und Pfadfinder aus ganz Deutschland dürften diese Gebäude von Seminaren kennen.

Rebenfelder ziehen sich die Hänge hinauf. Wir befinden uns hier im Herzen des Weinbaugebiets an der Mosel, wo vor allem Weißweine und besonders der hervorragende Riesling angebaut werden. In früheren Zeiten war das anders: Noch bis etwa 1900 war auch der rote Burgunder in der Region gut vertreten. Dann ging sein Anteil aufgrund sinkender Preise zurück, und zwischen 1933 und 1986 waren der Anbau und die Herstellung von Rotwein in dieser Region sogar verboten. Doch seit diese ursprünglich von den Nazis

Marienburg

Für die Seele

Wir umrunden auf einsamen Wegen die engste Moselschleife und freuen uns über immer wieder neue Blicke auf die von einem Rebenmeer eingerahmte Marienburg.

Alter Bahnhof in Zell

erlassene und noch 1971 in eine Neufassung des Weinbaugesetzes übernomme Vorschrift aufgehoben ist, wachsen auf mehr als 800 Hektar wieder rote Reben und liefern den Rohstoff für hochwertige Weine wie Dornfelder, Regent, Spätburgunder oder Merlot.

Wir radeln auf der holprigen, mit Verbundsteinen gepflasterten Strecke durch **Merl** und erreichen **Zell.** Hier queren wir den großen Parkplatz an der Mosel, fahren leicht ansteigend zur Hauptstraße **(Schlossstraße)** und folgen dort dem Hinweisschild mit dem grünen Pfeil nach rechts leicht bergab an die Mosel (Achtung, leicht zu übersehen!). Am Ortsausgang überqueren wir einen Kreisel und behalten unsere

Pündericher Fähre

Jugendstiltor

*Der bekannte Berliner Architekt **Prof. Bruno Möhring** (1863–1929) baute 1904 die Brücke zwischen Traben und Trarbach. Die durch den Weinexport reich gewordenen Winzer kamen so auf den Geschmack und beauftragten ihn mit der Planung weiterer sehenswerter Bauten.*

Richtung bei. Kurz danach biegen wir beim nächsten grünen Pfeil rechts ab und radeln nun wieder abseits der Straße direkt an der Mosel entlang. Die Strecke ist ab hier wieder durchgängig als **Mosel-Radweg** mit dem **grünen M** gut erkennbar ausgeschildert. In **Briedel** lohnt es sich allerdings, den offiziellen Radweg kurz zu verlassen und durch das kleine romantische Winzerdorf zu schlendern, in dem zahlreiche alte Fachwerkhäuser von der langen Geschichte des Ortes zeugen.

Am Ende von Briedel rollen wir rechts leicht bergab zum Moselufer und radeln weiter bis **Pünderich.** Wir fahren immer in Flussnähe, passieren nach der nächsten Schleife die Ortschaften **Burg** und **Enkirch** und erreichen in **Traben-Trarbach** den Wendepunkt unserer heutigen Tour. Wir wollen durch die Stadt bummeln und vielleicht danach noch zur Grevenburg wandern.

Aber eines nach dem anderen. Unsere Räder stellen wir unter der Brücke an der Moselpromenade ab und schauen uns „eine Etage höher“ das **Brückentor von Bruno Möhring** ② an.

Von dort gehen wir in die **Brückenstraße,** schlendern durch die Fußgängerzone, biegen rechts ab in die **Moselstraße** und kurz danach links in die **Casinostraße.** Sie bringt uns zum **Mittelmosel-Museum** ③ – ein echtes Kleinod unter den Museen der Region. In den über 20 Schauräumen sind unter anderem wertvolles Mobiliar und Kunstgegenstände aus drei Jahrhunderten ausgestellt.

Wir schlendern über den historischen Platz am Alten Stadtturm und gehen nach einem Bummel durch die Altstadt wieder zurück zur **Moselstraße** und durch eine Unterführung bis zum Ufer. Über die Moselpromenade gelangen wir rechts zu unseren Rädern. Wenn wir den Blick von der Grevenburg genießen wollen – dafür müssen wir rund 30 Minuten steil berg-

*Im **Mittelmosel-Museum** in Traben-Trarbach erfahren wir mehr zur bäuerlichen Wohnkultur des 19. Jahrhunderts, zum Wohnstil einer wohlhabenden Patrizierfamilie und zur Geschichte der Starkenburg, der Grevenburg sowie der ehemaligen französischen Festung Mont Royal.*

Blick auf Traben-Trarbach

Litziger Lay

auf wandern –, überqueren wir die parallel verlaufenen Enkircher und Brückenstraße und folgen einem gut ausgeschilderten Weg ohne Namen bergauf.

Hoch über dem Ort stoßen wir auf die um 1350 von Graf Johann III., einem Sohn von Gräfin Loretta, erbaute **Grevenburg 4**. Sie war bis 1437 Stammsitz der Grafen von Sponheim. In den Kriegswirren des 17. und 18. Jahrhunderts wechselte die Burg 13-mal den Besitzer. 1734 wurde sie von den Franzosen erobert und zerstört. Die Burgruine bietet einen herrlichen Blick auf die Mosel und in der **Burgschenke** können wir an lauen Sommertagen die Seele baumeln lassen.

Nach unserer Sightseeing-Tour in Trarbach steigen wir wieder auf unsere Drahtesel und „reiten“ über die Brücke auf die andere Moselseite in den Ortsteil Traben. Wir versäumen es nicht, uns noch ein wenig in diesem Stadtteil mit wunderbaren alten Villen umzusehen. Im Gasthaus **Litziger Lay ⑤**, von der Brücke ein Stück flussabwärts am Moselufer, gönnen wir uns eine Auszeit auf der Terrasse (mehr über Traben-Trarbach siehe Tour 13, S. 155).

Von Traben-Trarbach fahren wir auf dem Mosel-Radweg zunächst auf der gleichen Strecke wie beim Hinweg über **Enkirch** und **Burg** wieder zurück (prinzipiell wäre auch die Strecke am anderen Moselufer sehr attraktiv, allerdings müssten wir dort einige Kilometer auf einer schmalen Landstraße fahren).

An der **Liebfrauenbrücke** wechseln wir auf die andere Moselseite nach **Reil.** Wenn wir hervorragend speisen möchten, radeln wir vor der Weiterfahrt links zum **Reiler Hof ⑥.**

Burgruine Grevenburg

Hinter dem idyllischen kleinen Ort folgen wir den Hinweisschildern mit dem **grünen Pfeil.** Zwischen Traben-Trarbach und Bullay begleiten uns die Gleise der sogenannten Moselweinbahn. Sie vereinigt sich mit der Hauptbahn von Trier nach Koblenz, dann führen die Gleise 786 Meter über das längste **Hangviadukt** 7 Deutschlands. 92 Stützbogen sichern das Bauwerk in den steilen Weinberglagen. Die Pfeiler haben eine unterschiedliche Höhe, angepasst an den ansteigenden Hang.

Die Moselstrecke von Trier nach Koblenz heißt auch ***Kanonenbahn,*** *da sie von Preußen aus strategischen Gründen erbaut wurde. Sie öffnete den Winzern in Traben-Trarbach das Tor zur Welt, der Ort wurde nach Bordeaux zum weltweit zweitgrößten Weinhandelsplatz.*

Wir radeln abseits der Straße leicht bergauf durch die Weinberge, genießen den Blick hinunter ins Moseltal, und hoch über uns thront wieder die **Marienburg,** die wir nun aus einer anderen Perspektive betrachten.

Im Zeller Ortsteil **Kaimt** können wir wieder über die Brücke fahren und auf derselben Strecke zurückradeln. Aber ich empfehle als Alternative den erst im März 2021 eröffneten Radweg, der der B 421 folgt und

Hangviadukt

uns auf dieser Moselseite bis Bullay führt. Wir radeln zwar neben der Straße, aber auf einem breiten Radweg und haben auf halber Höhe wunderschöne Ausblicke auf die Zeller Weinberge.

Vor **Bullay** radeln wir über die Doppelstockbrücke zu unserem Startpunkt zurück.

Als Abschluss der Tour käme ein Abstecher zum **Haus Waldfrieden** ⑧ infrage, wo der Winzer Ulli Stein kulturelle Events anbietet (siehe auch Tour 7, S. 79). Wir radeln bis zum **Alfer Kreisel,** fahren ein kurzes Stück neben der B 53 zurück, nehmen rechts die Straße **Auf dem Hill,** biegen noch einmal rechts ab in **Auf Tannerd** und radeln bergauf bis zum **Haus Waldfrieden** (vorher anrufen, ob geöffnet!). Bei diesem Aufstieg müssen selbst E-Biker kräftig in die Pedale treten, sodass es vielleicht besser ist, den Anstieg mit dem Auto zu bewältigen.

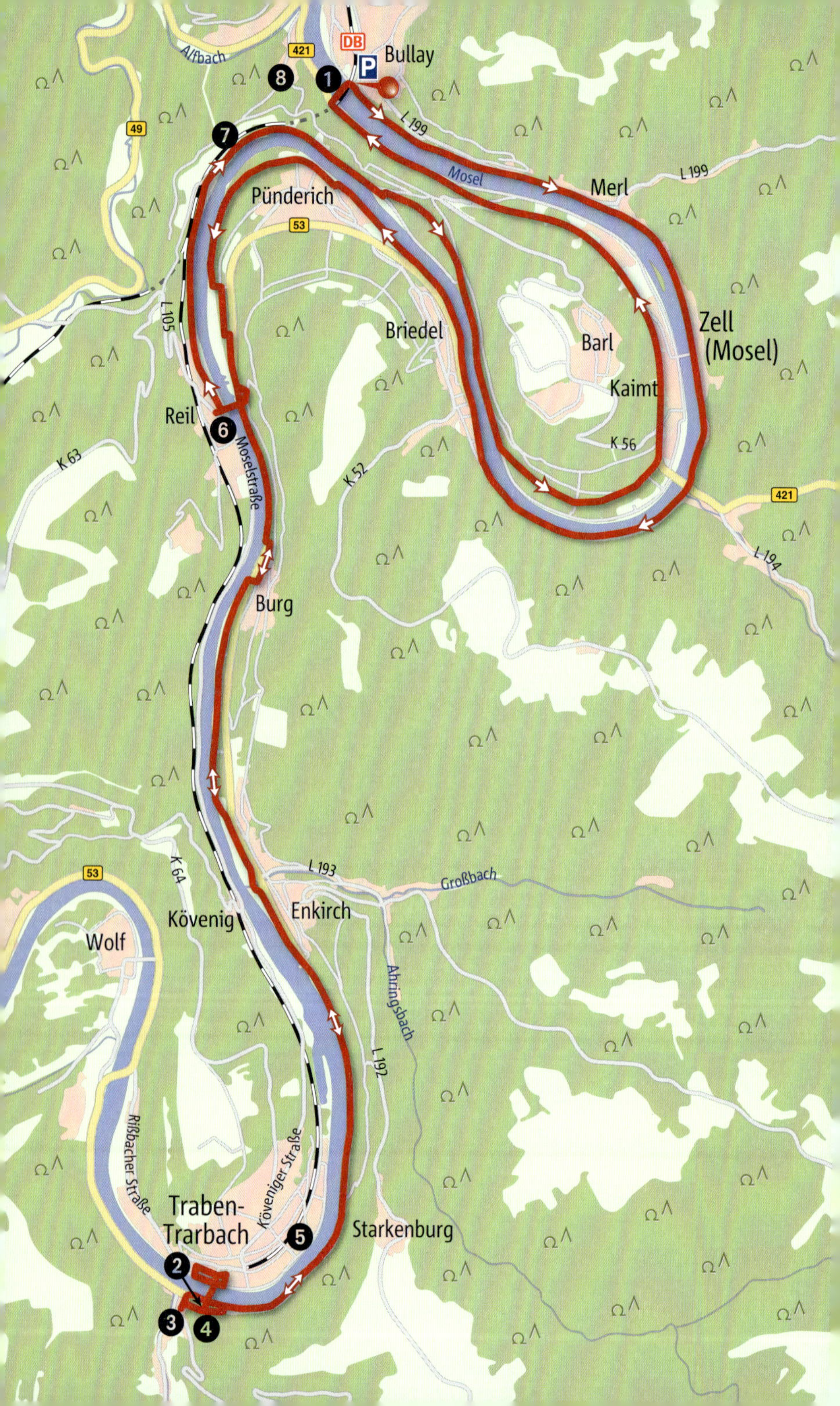

Bullay
DB
P
421
Alfbach
1
8
7
49
L 199
Mosel
Merl
L 199
Pünderich
53
Briedel
Barl
Zell
(Mosel)
Kaimt
K 56
L 105
Reil
6
Moselstraße
K 63
K 52
421
L 194
Burg
L 193
Großbach
K 64
53
Kövenig
Enkirch
Wolf
Ahringsbach
L 192
Rißbacher Straße
Köveniger Straße
Traben-
Trarbach
5
Starkenburg
2
3
4

Alles auf einen Blick

Entspannung ★★★★★
Genuss ★★★★★
Romantik ★★★★★

WIE & WANN:
Asphaltierte Wege, meist autofrei; beste Zeit Frühling bis Herbst

HIN & WEG:
Auto: Parkplätze am Moselufer in Bullay (GPS: 50.04932, 7.13548)
ÖPNV: RE 1, RE 11, RB 81 oder RB 85 bis Bullay; über Brautrockstraße, dann rechts ab in den Neumerler Weg zum Moselufer

ESSEN & ENTSPANNEN:
Burgschenke Grevenburg ❹ auf der Grevenburg, 56841 Traben-Trarbach, Tel. (0 65 41) 8 14 29 28
Litziger Lay ❺ An der Mosel 78, 56841 Traben-Trarbach, Tel. (0 65 41) 8 18 41 84, www.litzigerlay.de
Reiler Hof ❻ Moselstraße 27, 56861 Reil, Tel. (0 65 42) 26 29, www.reiler-hof.de
Haus Waldfrieden ❽ Auf Tannerd, 56859 Alf, Tel. (0 65 42) 26 08, www.stein-weine.de

ENTDECKEN & ERLEBEN:
Doppelstockbrücke ❶
Brückentor von Bruno Möhring ❷
Mittelmosel-Museum ❸ Casinostraße, 56841 Traben-Trarbach, Tel. (0 65 41) 94 80
Burgruine Grevenburg ❹ 56841 Traben-Trarbach
Hangviadukt ❼

Apollofalter

Stilles Liesertal

Von der Mosel in die Eifel

Wir radeln vom Moseltal abseits der Ortschaften entlang der Lieser bis in die Eifel nach Wittlich und genießen die Stille in einer faszinierenden Natur.

Heute fahren wir abseits der Mosel von Lieser bis nach Wittlich, vom Flusstal bis an die Eifelhöhen, auf einer ehemaligen Bahnlinie. Nach Stilllegung des Bahnverkehrs im Jahr 1989 wurden 2000 die Strecken von Daun zum Wittlicher Hauptbahnhof (der in Wirklichkeit in Wengerohr liegt) und weiter hinunter zur Mosel – zusammen rund 60 Kilometer – als **Maare-Mosel-Radweg** ausgebaut. Dieser erfreut sich seither bei den Radlern zunehmender Beliebtheit.

Vom **Busbahnhof Bernkastel** folgen wir der **Friedrichstraße,** fahren rechts in die **Schulstraße** und gleich wieder links in einen kleinen Weg. Ihm folgen wir bis ans Moselufer und radeln nach **Lieser.** Am Ortsausgang biegen wir an einem kleinen Parkplatz rechts ab auf den ausgeschilderten **Maare-Mosel-Radweg.** Ab hier ist der gleichnamige Fluss unser Begleiter.

Obwohl der asphaltierte Weg langsam, aber stetig ansteigt, radeln wir entspannt. Wir haben das Gefühl, wir würden auf ebener Strecke rollen. Ob es daran liegt, dass uns die absolute Stille wie im Traum dahingleiten lässt und wir die Landschaft mit allen Sinnen genießen?

Klosterhof Siebenborn

Am ersten Ort **Maring-Noviand** überqueren wir die Hauptstraße. In der Nähe der Brücke, die beide Ortsteile miteinander verbindet, erheben sich rechts von uns auf einem Hügel die imposanten schlossähnlichen Gebäude des **Klosterhofs Siebenborn ①**. Hier bewirtschaftet die Familie Melsheimer das **Weingut Arthur Melsheimer** in der sechsten Generation und bietet auch Ferienwohnungen an.

Nach der Führung durch das alte Kreuzgewölbe aus dem 11./12. Jahrhundert genießen wir im ehemaligen Wirtschaftshof des Zisterzienserklosters Himmerod mit einem alten Brunnen eine wahrhaft himmlische Ruhe, obwohl die Mönche nicht mehr vor Ort sind. Im Kelterhaus befindet sich eine Weinprobierstube. „Da wir meist zu Hause sind, können wir einem kleinen Personenkreis auch spontan eine Führung oder Weinprobe anbieten, aber besser ist es natürlich, sich vorher anzumelden“, sagt die Herrin des Hauses, Esther Melsheimer.

Unterhalb des Klosterhofs strahlt die direkt am Fluss liegende **Klostermühle Siebenborn ②** den einzigartigen Charme eines geschichtsträchtigen Gebäudes aus.

Die Küche des Restaurants verfeinert regionale Produkte aus Eifel, Mosel, Hunsrück mit italienischer

> !
>
> *Im **Klosterhof Siebenborn** bauen Franz und Esther Melsheimer Weine von exzellenter Qualität und mit überraschenden Aromen an. Bei einer Führung in einem der ältesten Weinkeller der Region erfahren wir Wissenswertes über den biologischen Weinanbau zwischen Tradition und Moderne.*

Für die Seele

Wir umrunden auf einsamen Wegen die engste Moselschleife und freuen uns über immer wieder neue Blicke auf die von einem Rebenmeer eingerahmte Marienburg.

Kochkunst – eine interessante Kombination mit frischen Kräutern aus dem Klostergarten im Frühling und mediterranen Einflüssen im Sommer. Aber auch die Wildspezialitäten im Herbst und die berühmte Martinsgans im Winter sind ein kulinarisches Erlebnis mit einem Hauch von Dolce Vita und Italien. Und in der Einsamkeit des Liesertals ist auch in der Gastronomie Entschleunigung angesagt, denn alle Speisen werden frisch zubereitet und brauchen deshalb Zeit, die wir uns gern nehmen und vorab einen guten Tropfen des Nachbarn Melsheimer vom Klosterhof Siebenborn genießen.

Am Wehr der Mühle, deren Wasserrecht nach wie vor besteht, wurde im Rahmen des Lieser-Projekts eine Rampe mit Fisch-Aufstiegshilfe gebaut.

*Die **Fisch-Aufstiegshilfe** der Klostermühle Siebenborn mit Becken von 40 Zentimetern mittlerer Wassertiefe gewährleistet selbst bei niedrigen Wasserspiegeln einen Fischaufstieg. Die Konstruktion hält bis zu 2,5 Tonnen stand und widersteht damit auch Hochwassern der Lieser.*

Winzerpaar Melsheimer

Im **Wittlicher Rathaus** sind Grafiken, Zeichnungen, Glas- und Ölbilder des Künstlers Georg Meistermann ausgestellt, darunter die kunsthistorisch wertvollen Fenster „Die Vier Apokalyptischen Reiter" von 1954.

Wir radeln weiter, begleitet von dem leisen Rauschen der Lieser, die sich an dieser Stelle ihren Weg durch ein kleines Sumpfgebiet bahnt. Auf der rechten Seite des Radwegs erhebt sich mitten im Wald eine große alte Villa, die uns an Schauplätze von düsteren Thrillern erinnert. Wir fahren weiter durch das herrliche Idyll: wilde Flussauen, tiefe Wälder, weite Wiesen, Felder und Weinberge, die sich auf den Hügeln bis zum Horizont ausbreiten.

Das Tal weitet sich, wir radeln zwischen Wiesen und Feldern geradeaus Richtung Wittlich. Auf ausgedehnten Weiden grasen Rinder, Pferde, Schafe und Ziegen. Eine Bilderbuchlandschaft. Nur das Zwitschern der Vögel, das gelegentliche Blöken der Schafe oder das Wiehern eines Pferdes durchbrechen die Stille, die unserer Seele guttut.

Vor dem Ortseingang **Platten** treffen wir auf ein tierisches Stillleben mit Schafen, Hühnern und Ziegen und erinnern uns an die alte Kinderserie „Die Kinder von Bullerbü". Wir pausieren am Rastplatz neben dem renovierten alten Bahnhof, der heute als privates Wohngebäude genutzt wird. Das **Winzerhofcafé Görgen** ❸ im **Weingut Görgen** liegt direkt am Radweg und bietet Leckereien aus der Winzerküche von köstlich einfach bis raffiniert, von herzhaft bis süß an.

Alte Villa

Wir radeln weiter auf dem **Maare-Mosel-Radweg,** überqueren noch einmal die Lieser, die sich nun links vom Radweg entfernt. Nach der Stille der letzten Kilometer hören wir erstmals wieder Zivilisationsgeräusche, denn vor uns quert die Eifelautobahn A 60 unseren Weg. Wir fahren vor der Böschung links. Kurz danach unterqueren wir die Autobahn durch eine Unterführung, fahren wieder rechts und radeln über eine gut ausgebaute Brücke weiter. Nach einer langen Geraden biegen

Der fröhliche Weinberg

wir rechts ab in Richtung **Wengerohr,** fahren am Ortseingang links durch den **Bornweg,** weiter geradeaus in die **Bernkasteler Straße.** Vor der stark frequentieren Bahnhofstraße biegen wir links ab, fahren parallel zur Hauptstraße, queren einen Kreisel und folgen den Radhinweisschildern Richtung **Wittlich.** Geradeaus über die Kurfürstenstraße und dann links über die Gerberstraße erreichen wir das **Zentrum** der Stadt.

Wir bummeln ein wenig durch das Zentrum der Eifelstadt Wittlich rund um das **Rathaus** ④.

Bundesweit bekannt ist Wittlich durch die jährliche **Säubrennerkirmes.**

Der Sage nach wurde die Stadt einst belagert. Als der Torwächter in einem der vier Stadttore in der Dunkelheit den Riegel zum Verschließen nicht finden konnte, nahm er stattdessen eine Rübe und steckte sie in das Riegelloch. In der Nacht brach eine Sau aus ihrem Stall aus und fraß die Rübe. Nun konnte der Feind in die Stadt eindringen. Die Wittlicher aber trieben später sämtliche Säue auf dem Marktplatz zusammen und verspeisten sie.

Nachdem wir durch Wittlich gebummelt sind, radeln wir auf derselben Strecke zurück.

*Auf der **Säubrennerkirmes in Wittlich** werden an jedem dritten Augustwochenende über 100 Schweine verzehrt und zwei Artgenossen auf dem Marktplatz am Spieß gebraten. Der Braten wird mit Brötchen und Senf serviert.*

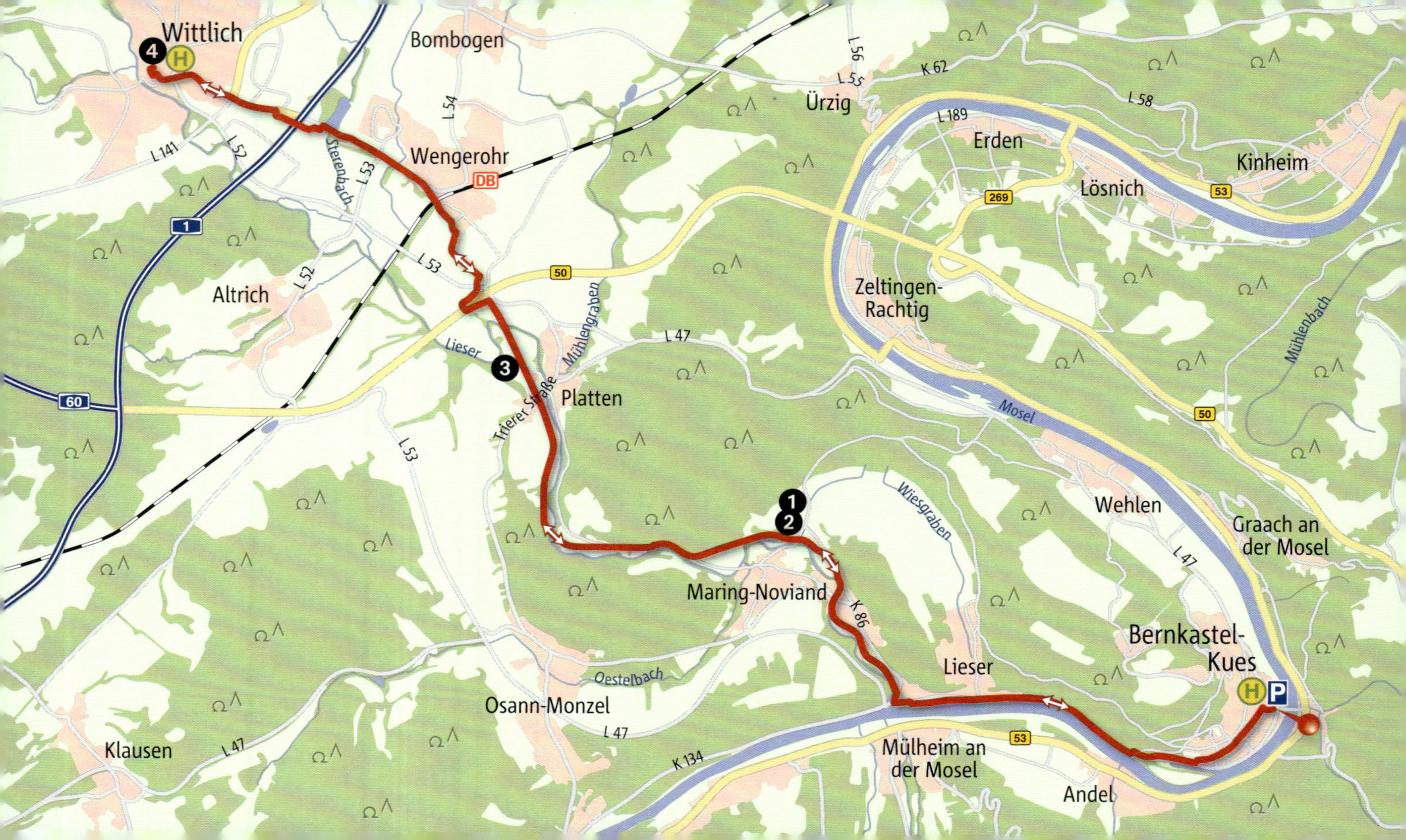

Wittlich
Bombogen
Ürzig
Erden
Kinheim
Lösnich
Wengerohr
DB
Altrich
Zeltingen-Rachtig
Platten
Trierer Straße
Lieser
Mühlengraben
Mosel
Mühlenbach
Wiesgraben
Wehlen
Graach an der Mosel
Maring-Noviand
Bernkastel-Kues
Lieser
Oestelbach
Osann-Monzel
Mülheim an der Mosel
Andel
Klausen
Sterenbach
L 141
L 52
L 53
L 54
L 47
L 56
L 55
K 62
L 58
L 189
K 86
K 134

Entspannung ✱✱✱✱✱
Genuss ✱✱✱✱
Romantik ✱✱✱✱

WIE & WANN:
Asphaltierte Wege abseits der Straßen, autofrei; beste Zeit Frühling bis Herbst

HIN & WEG:
Auto: Parkplätze am Busbahnhof Bernkastel, Cusanusstraße 5 a, 54470 Bernkastel-Kues (GPS: 49.91671, 7.06921)
ÖPNV: Ab Wittlich Hbf. Bus 300, 301 bis Kues Forum (Vorbuchung von Fahrradplätzen unter www.radbusse.de empfehlenswert)

ESSEN & ENTSPANNEN:
Klostermühle Siebenborn ❷ Im Siebenborn 2, 54484 Maring-Noviand, Tel. (0 65 35) 70 37, www.klostermuehle-siebenborn.de
Winzerhofcafé Görgen ❸ Weingut Werner Görgen, Bahnhofstraße 14, 54518 Platten, Tel. (0 65 35) 8 07 und 94 48 64, www.weingut-goergen.com

ENTDECKEN & ERLEBEN:
Klosterhof Siebenborn ❶ 54484 Maring-Noviand, Tel. (0 65 35) 8 51, www.arthur-melsheimer.de
Rathaus Wittlich ❹ Neustraße 2, 54516 Wittlich, Tel. (0 65 71) 1 71-0 oder 1 71-351, www.wittlich.de

* 36 Kilometer
* 130 Höhenmeter
* 3 Stunden
* Rundtour

Winzerhof Gietzen

Wir parken unser Auto in **Löf** in der Nähe der Moselbrücke und radeln auf der **Alten Moselstraße (B 416)** vorbei am **Bahnhof,** wo die Bahnreisenden in die Tour einsteigen. Dort wechseln wir auf den Radweg. In der nun folgenden lang gezogenen Rechtskurve fahren wir zwischen Bundesstraße und Mosel. Vor **Hatzenport**

Burgenromantik

Zur Burg Eltz und zum Moseldom

kreuzen wir die Straße, biegen hinter der Bahnlinie links ab und folgen der Straße **Unterer Bannweg.** Rechts von uns erheben sich die Weinberge und links unter uns verläuft die Bahnlinie. In einem der Weinberge steht eine alte **Doppelkorbtraubenkelter** ❶ aus dem Jahr 1960. Noch während einer der Körbe mit Trauben befüllt wurde, pressten die Winzer in dem zweiten mit einer hydraulisch gesteuerten festen Platte bereits den Most.

Vor uns erhebt sich inmitten der Weinberge der Terrassenmosel die 1280 erbaute **Kirche St. Johannes** ❷**,** nicht nur aufgrund ihrer exponierten Lage eine der schönsten Kirchen im Moseltal.

Wir radeln eine Zeit lang oberhalb der Bahnlinie, rollen dann wieder bergab. An der Straße **Schrumpftal** biegen wir links ab, queren an der nächsten Einmündung die Maifeldstraße halb links und biegen (noch vor der Bundesstraße!) rechts in die **Moselstraße** ab.

Kurz vor dem Ortsausgang lädt der **Winzerhof Gietzen** ❸ zu regionalen Gerichten und einem guten Tropfen ein. Der liebevoll dekorierte Toreingang macht neugierig. Zu Recht: Uns erwarten ein gemüt-

Die Hatzenporter Bergkirche ***St. Johannes*** *war einmal die Pfarrkirche – vom alten Bau aus dem Jahr 1280 steht aber nur noch der Glockenturm. Die heutige Kirche wurde 1480 fertiggestellt. Aus diesem Jahr stammt auch ein sehenswertes Fenster mit der Kreuzigungsszene.*

licher Innenhof, ein liebevoll dekorierter Gastraum im alten Kelterhaus und eine kleine Vinothek mit regionalen Produkten. Starkoch Horst Lichter hat in der SWR-Fernsehserie „Lichters Originale" die Mosel und das Maifeld besucht und war begeistert von Maria Gietzens Kochkunst.

Winzerin Maria Gietzen *hat mehrere Kochbücher herausgegeben. Im Buch „Mosel-Tapas" bewies sie in über 50 Rezepten von über 20 Mosel-Winzerinnen, dass sich aus Ziegenkäse, Moselforelle oder anderen regionalen Produkten hervorragende Tapas kreieren lassen.*

Wenn wir den Tag in einer beeindruckenden Atmosphäre ausklingen lassen und nach einem netten Abend weinselig direkt ins Bett fallen wollen, ist der Winzerhof mit acht Gästezimmern ein empfehlenswerter Übernachtungsort.

Am Ortsausgang überqueren wir die Bundesstraße, die uns nun entlang der Mosel weiter begleiten wird. Links von uns liegt die beliebte **Campinginsel Sonnenwerth,** auf die Camper mit ihren Autos über das **Hatzenporter Werth** fahren können.

In **Moselkern,** einem Ort mit einigen schönen alten Villen, kreuzen wir erneut die Bundesstraße und fahren vor der Bahnlinie links in die **Gartenstraße.** Wir radeln weiter geradeaus durch die **Obertorstraße.** An deren Ende folgen wir dem Hinweisschild **Burg Eltz** und biegen rechts in die Straße **Elztal** ein. Jetzt befinden wir uns auf einer schmalen Straße (Autoverkehr!). Wir fahren bis zum Parkplatz des **Restaurants Café Ringelsteiner Mühle 4,** wo die Straße endet. Dort stellen wir

Für die Seele

Wir radeln durch ein ruhiges Seitental, erobern Deutschlands berühmteste Burg, besuchen den „Klabautermann" und probieren geräucherten Moselfisch.

Vesper im Winzerhof Gietzen

Burg Eltz

unsere Räder ab und wandern auf einem Waldweg zur **Burg Eltz,** die aufgrund ihrer Lage mitten im Wald und auf steilen Felsen fast 900 Jahre lang nicht erobert werden konnte. Während die meisten Besucher von der anderen Seite, vom Parkplatz Wierschem, auf einem breiten Weg zur Burg spazieren, genießen wir die Ruhe auf dem schattigen, schmalen und teilweise steinigen, aber gut begehbaren Waldweg. In dem idyllisch gelegenen Seitental begleitet uns auf der gesamten Strecke der leise plätschernde Elzbach, auch wenn wir weiter bergan wandern. Lediglich das Zwitschern der Vögel und das Glucksen des Wassers begleiten uns als entspannende, meditative Hintergrundmusik. Nur ab und zu dringen einzelne Sonnenstrahlen durch den dichten Wald. Plötzlich erhebt sich nach unserem Spazierganz wie aus dem Nichts die majestätisch auf einem Felsen thronende und bis zu dieser Stelle vom Wald gut versteckte **Burg Eltz** ⑤. Für den entspannenden Spaziergang von dem Parkplatz der Ringelsteiner Mühle bis zur Burg benötigen wir etwa 40 Minuten, bergab geht es auch schneller.

Der Anblick des hoch aufragenden, mit zahlreichen Giebeln, Erkern und schiefergedeckten Türmchen filigran bestückten Bauwerks versetzt uns zurück in längst vergangene Zeiten. Drei Geschlechterhäuser gruppieren sich um den Innenhof.

Die Bilderbuchburg ist nicht nur von außen sehenswert, und so suchen wir bei unserem Spaziergang auch das Innere der Gemäuer auf. In einer informativen und dabei durchaus amüsanten Führung erfahren wir in knapp einer Stunde viel über die Geschichte der bekanntesten deutschen Burg. Aber nicht nur das: Wir lernen nebenbei diverse Anekdötchen, Legenden und Sagen kennen und wissen am Ende auch über die Herkunft bekannter Sprichwörter wie „einen Zahn zulegen“ oder „eine Lanze brechen“ Bescheid. Ein Gang durch die Waffenkammer mit Hellebarden, Spießen, Schwertern und Rüstungen, den Fahnensaal,

Burg Eltz, *seit 1157 Stammsitz der Grafen von Eltz, wurde mit sieben Stockwerken auf einem 70 Meter hohen Felssporn errichtet und gilt als das Idealbild deutscher Burgenromantik. Ihr Bild zierte bis zur Einführung des Euro die 500-D Mark-Scheine.*

die mit Gold- und Silberarbeiten reich ausgestattete Schatzkammer und weitere Räume lässt uns die Epoche der alten Ritter fast hautnah erleben.

Nach dem Besuch der Burg wandern wir wieder zu unseren Drahteseln und radeln zurück nach **Moselkern.** An der Einmündung **Obertorstraße** biegen wir rechts ab, folgen einer Linkskurve und fahren am Ende der Straße rechts in die **Moselstraße.** Ab hier folgen wir den Rad-Hinweisschildern mit dem **grünen Pfeil** und fahren in den **Moselkerner Weg** links von der Bahnlinie. Noch bevor wir den Ort Müden erreichen, folgen wir den Hinweisschildern, biegen links ab Richtung Mosel und fahren noch vor der Bundesstraße rechts in die **Moselstraße.** Wir überqueren den Elzbach, der hier in die Mosel mündet, und radeln parallel, aber abseits der Bundesstraße bis nach **Müden.** Hier bietet sich etwas abseits der Moseluferstraße eine Einkehr im Garten des **Hotels und Restaurants Sewenig** ❻ an.

Wir radeln weiter entlang der **Moselstraße.** Hinter dem Ortsausgang müssen wir die Bundesstraße queren. Auf dem Seitenstreifen fahren wir direkt neben der Straße bis zum Ortsteil **Karden** des Doppelorts **Treis-Karden.** Dort machen wir rechts über die **Herrenstraße** einen kleinen Abstecher zur ehemaligen **Stiftskirche St. Castor** ❼.

Uns fasziniert dieses imposante, strahlend weiß gestrichene Bauwerk, das nicht zu Unrecht auch Moseldom genannt wird. Im **Stiftsmuseum** machen wir ein weiteres Mal an diesem Tag eine Reise in die Vergangenheit.

Anschließend folgen wir noch ein Stück weiter der **Moselstraße** und überqueren dann die Brücke nach

*Die 800 Jahre alte romanische **Stiftskirche St. Castor** beeindruckt mit ihren gewaltigen drei Türmen und dem langen Mittelschiff. Hier steht die älteste erhaltene Orgel der Familie Stumm aus dem Jahr 1728. Das **Stiftsmuseum** befindet sich am ehemaligen Kreuzgang.*

Stiftskirche St. Castor

Treis. Wir fahren aber nicht in den Ort hinein, sondern hinunter zum Moselufer. Hier biegen wir rechts ab und radeln links neben der Bundesstraße flussabwärts mehrere Kilometer bis zum nächsten Ort **Burgen.** In Höhe der **Schleuse Müden** betreibt Christoph Barden eine **Fischerei und Aalräucherei 8.** Der Geruch in dem kleinen Verkaufsraum lässt uns das Wasser im Mund zusammenlaufen, denn hier wird täglich frisch geräuchert. Wir würden am liebsten den Fisch direkt vor Ort verzehren, aber Ingrid Gründer, die Schwester von Christoph Barden, erklärt uns, Räucherfische würden bei dem Verzehr direkt nach Entnahme aus dem Kühlschrank noch nicht den typischen Geschmack entfalten. Wir sollten uns, so rät sie, etwas gedulden und Aal und Forelle zu Hause „leicht angewärmt" genießen. Also lassen wir uns die Köstlichkeiten einpacken und freuen uns auf den Verzehr zu einem späteren Zeitpunkt.

Klabautermann

Links breitet sich zwischen Straße und Mosel das Gelände eines großen Campingplatzes aus, auf einem Felssporn auf der gegenüberliegenden Moselseite erhebt sich die Burg Bischofstein. Sie ist nicht nur wegen ihrer exponierten Lage ein idealer Ort für Klassenfahrten, Jugend- und Familienfreizeiten, Seminare und Familienfeste – das Haus nimmt immer nur eine Gruppe auf, man kann dann den Aufenthalt sozusagen als „eigener Burg-

herr" genießen. Im Bootshaus **Zum Klabautermann** ⑨ erfrischen wir uns in außergewöhnlichem Ambiente bei einem Getränk, immer noch mit Blick auf Burg Bischofstein und die darunter gelegene Pauluskapelle aus dem 13. Jahrhundert. Gestärkt und erholt radeln wir weiter Richtung **Brodenbach.**

Kurz vor Brodenbach bietet sich noch eine weitere Option für eine Einkehr: **Pfeifers Moselhotel** ⑩. Das Haus liegt in Alleinlage und hat eine schattige Terrasse abseits der Straße.

In dem Ort **Brodenbach,** etwa einen Kilometer weiter, finden jährlich die europaweit bekannten Motorbootrennen statt.

Wir radeln durch den Ort, kommen rund einen Kilometer weiter an eine Brücke über die Mosel, überqueren sie und sind zurück an unserem Startpunkt in Löf.

*Das Internationale **ADAC-Motorbootrennen** auf der Mosel lockt seit 1973 jedes Jahr Tausende Besucher an. Der ganze Ort feiert das Spektakel mit Musik und geselligem Beisammensein.*

Münstermaifeld
Pillig
Metternich
Alken
Löf
Hatzenport
Mosel
Brodenbach
Wierschem
Möntenich
Keldung
Lasserg
Burgen
Elzbach
Moselkern
Müden (Mosel)
Brohlbach
Baybach
Morshausen
Mühlgraben
Treis-Karden
Lützbach
Macken
Beulich
L 207
L 113
K 40
K 41
K 72
L 206
L 205
K 33
K 32
L 108
L 202
K 37
49
416
DB
P
1
2
3
4
5
6
7
8
9
10

Alles auf einen Blick

WIE & WANN:
Meist asphaltierte Wege, teils neben einer Bundesstraße; beste Zeit Frühling bis Herbst

HIN & WEG:
Auto: Parken an der B 416 in Löf in Nähe der Moselbrücke (GPS: 50.238478, 7.441852)
ÖPNV: RB 81 bis Löf; über Bahnhofstraße und Finkenweg zum Moselufer

Entspannung ★★★★☆
Genuss ★★★☆☆
Romantik ★★★★★

ESSEN & ENTSPANNEN:
Winzerhof Gietzen ❸ Moselstraße 70, 56332 Hatzenport, Tel. (0 26 05) 95 23 71, www.winzerhof-gietzen.com
Restaurant Café Ringelsteiner Mühle ❹ Elztal 94, 56254 Moselkern, Tel. (0 26 72) 9 10-2 00, www.ringelsteiner-muehle.de
Hotel und Restaurant Sewenig ❻ Moselstraße 5, 56254 Müden, Tel. (0 26 72) 13 34, www.hotel-sewenig.de
Fischerei und Aalräucherei Christoph Barden ❽ Am Moselwehr 4, 56253 Treis, Tel. (0 26 72) 71 37
Zum Klabautermann ❾ Moselstraße, 56332 Burgen, Tel. (0 26 05) 21 23, https://klabautermann-burgen.de.tl
Pfeifers Moselhotel ❿ Moselufer 43, 56332 Brodenbach, Tel: (0 26 05) 7 56, www.moselhotel-peifer.de

ENTDECKEN & ERLEBEN:
Doppelkorbtraubenkelter ❶
Kirche St. Johannes Hatzenport ❷
Burg Eltz ❺ 56294 Wierschem, Tel. (0 26 72) 9 50 50-0, www.burg-eltz.de
Stiftskirche St. Castor mit Stiftsmuseum ❼

Weitblick von Calmont

- 33 Kilometer
- 170 Höhenmeter
- 3 Stunden
- Rundtour

Wir parken unser Auto in der Nähe der Moselbrücke am Ortsausgang im Senhals (einem Ortsteil der gegenüberliegenden Moselgemeinde Senheim) am Moselufer und laden unsere Drahtesel ab. Die Brücke überqueren wir nicht, sondern fahren vorher rechts auf dem Radzubringer ab und folgen den Hinweis-

Steilster Weinberg

Rund um den Calmont

schildern des **Mosel-Radwegs** mit dem **grünen M** am Fluss entlang. Der gut ausgebaute Radweg führt uns abseits der Straße über eine kleine Halbinsel Richtung Campingplatz **Nehren.** Wir erreichen den **Wohnturm des Hofguts Lehmen** ❶.

Dann geht es weiter nach **Ediger-Eller.** Im dem hübschen Ort stoßen wir kurz auf die **Moselweinstraße** und radeln an rebenumrankten Winzerhäusern vorbei. Nach dem Ortsende unterqueren wir eine Eisenbahnbrücke und folgen einer der eindrucksvollsten Moselschleifen.

Rechts von uns erheben sich wie eine Wand die Weinterrassenmauern des **Calmont** ❷, seines Zeichens der steilste Weinberg Europas – einige behaupten sogar, der steilste auf der gesamten Welt. Am Ortsausgang von Ediger-Eller befindet sich direkt neben der Bundesstraße der Einstieg in einen Klettersteig mit hochalpinem Charakter, den wir uns heute aber nur ehrfürchtig von unten anschauen. Wir blicken auf zu den Rebstöcken in diesen extremen Steillagen und denken an die Winzer, die in diesem Abschnitt ihre Arbeit tun müssen. Wahrlich kein Job für Feiglinge!

*Der Wohnturm ist das einzige erhalten gebliebene Gebäude des einstigen romanischen **Hofguts der Ritter Lehmen.** Er wurde 1245 erstmals urkundlich erwähnt. Wir können ihn nur von außen besichtigen.*

Kirche in Ediger-Eller

Über den 378 Meter hohen ***Calmont*** *führt ein Klettersteig von Ediger-Eller bis Bremm, der im wahrsten Sinne des Wortes atemberaubende Ausblicke ermöglicht. Er ist allerdings nur für absolut schwindelfreie und trittsichere Wanderer ohne Höhenangst geeignet!*

In ihrem Buch „Die goldenen Berge“ hat die bekannte Schriftstellerin Clara Viebig bereits 1928 diese steilen Moselterrassen beschrieben. Die extreme Hanglage bündelt die Sonnenstrahlen wie eine Parabolantenne, die schmalen Schieferplatten speichern die Wärme wie ein Kachelofen. Bei der Arbeit „in der Wand“ kann jeder Fehltritt eines Winzers zu einem Absturz führen. Einen 50-Kilo-Traubenkorb auf dem schlüpfrigen Schieferboden bergab zu transportieren ist ein körperlich anstrengender und nicht ungefährlicher Kraftakt. Bei den Winzerinnen und Winzern der Terrassenmosel soll, so will es der Volksmund, „ein Bein länger sein als das andere“, damit sie im Steilhang die extreme Schräglage ausgleichen können.

Wir blicken auf das gegenüberliegende Ufer, wo mitten in der Flussbiegung einsam und verlassen die imposante Ruine des Klosters Stuben zwischen Mosel und Weinbergen aufragt. Sie weckt Erinnerungen an ähnliche Ruinen, die wir auf unseren Reisen in Cornwall und in der Normandie gesehen haben.

Nach der nächsten Flusskehre erreichen wir den Ort **Bremm** und sehen einige Wanderer beim Abstieg vom Klettersteig über den Calmont.

Wir folgen dem **Mosel-Radweg** und fahren abseits der Straße parallel zum Fluss bis **Alf,** wo wir uns zu-

Für die Seele

Wir blicken auf den steilsten Weinberg Europas, entspannen im Schatten einer Klosterruine und erfrischen unsere Füße im Moselwasser.

Kloster Stuben von der anderen Moselseite

Mit Wolfgang Niedecken (BAP)

nächst auf der **Koblenzer Straße** wiederfinden. In exponierterer Lage oberhalb von Alf erhebt sich bereits von Weitem sichtbar das **Haus Waldfrieden** 3.

Es gehört Ulli Stein, der zusammen mit seinem Bruder Peter das Weingut Stein in Bullay bewirtschaftet. Der Winzer hat das herrliche Anwesen nach seinen eigenen Worten zu einem „besonderen Ort für kreativen Genuss und genießende Kreative" gemacht. Bereits seit 1985 bietet Stein nicht nur unterhaltsame Weinproben an. Es gibt auch Rock- und Bluesabende, klassische Konzerte, musikalisch-literarische Weinproben, Lesungen, Film-, Theater- und Kabarettaufführungen in privater Atmosphäre. Ich erinnere mich heute noch mit Begeisterung an ein „Wohnzimmerkonzert" in einem kleinen Kreis mit Wolfgang Niedecken. Aber – um es mit dem Titel des wohl erfolgreichsten Songs von BAP zu sagen – „Verdamp lang her". Um das Haus auf der Höhe zu erreichen, biegen wir kurz hinter einem Kreisel rechts in die Straße **Auf der Hill** ein, die dann bergauf weiter als Straße **Auf Tannerd** weiter bis zum Anwesen von Ulli Stein führt. Bevor wir bergauf radeln (oder wandern?), sollten wir uns erkundigen, ob das Haus geöffnet hat.

Sofern wir auf den Abstecher zum Haus Waldfrieden verzichten, folgen wir an dem großen Kreisel im Ort den Hinweisschildern des **Mosel-Radwegs** und radeln in Flussnähe weiter. Vor uns taucht ein besonderes Bauwerk auf: die alte Brücke, über die wir gleich

Haus Waldfrieden

auf die andere Moselseite wechseln werden. Zwischen Alf und Bullay entstand in den 1870er-Jahren Deutschlands erste kombinierte Eisenbahn- und Straßenbrücke. Sie wurde als **Doppelstockbrücke** ❹ gebaut, das heißt, die Gleise und die Fahrspur für Straßenfahrzeuge verlaufen nicht nebeneinander, sondern untereinander. Über den sogenannten „Obergurt" verläuft die Bahnlinie und direkt darunter auf dem „Untergurt" die Straße.

Farbe im Weinberg

Wir ordnen uns vor der Doppelstockbrücke an der Ampel in den Fahrzeugverkehr ein, denn der Gehweg mit seinem hohen Bordstein ist zwar für Fußgänger, aber weniger für Radler geeignet. Nachdem wir die Brücke überquert haben, bleiben wir ein Stück weiter auf der Straße. Am Ortseingang von **Bullay** folgen wir nicht dem grünen Pfeil nach rechts, sondern biegen – obwohl wir an dieser Stelle kein Hinweisschild erkennen – links ab in die **Brautrockstraße.** An deren Ende geht es links in der **Bahnhofstraße** weiter und durch eine Eisenbahnunterführung.

An dieser Stelle **steigen Radler, die mit dem Zug angereist sind, in die Tour ein.** Für sie geht es in der Bahnhofstraße nach rechts weiter.

Wir folgen weiter der **Bahnhofstraße** und kommen immer geradeaus über **Lindenplatz, Zehnthofstraße** und

Königswiese zum Ortsausgang. Hinter dem Ort fahren wir nicht weiter auf der schmalen Landstraße, sondern folgen dem nach rechts weisenden Hinweisschild mit dem **grünen Pfeil** (Achtung, bei schneller Fahrweise schwer zu erkennen!) durch eine Eisenbahnunterführung. Auf der anderen Seite reiten wir auf unseren Drahteseln über einen teilweise unbefestigten und hügeligen, aber gut befahrbaren Radweg parallel zur Eisenbahnlinie, die uns auf der linken Seite begleitet. Es geht in leichtem Auf und Ab dahin, immer wieder bieten sich schöne Ausblicke auf die Mosel.

Am Ende des Feldwegs weist uns ein Warnschild auf eine **„besonders befahrene Straße"** hin. Wir müssen an dieser Stelle die Eisenbahnlinie wieder unterqueren und radeln dahinter ein Stück auf einer schmalen Straße ohne Randstreifen.

Rasch erreichen wir **Neef,** wo das **Ofen- und Puppenmuseum** 5 spontan unser Interesse wecken könnte.

*Im **Ofen- und Puppenmuseum** kann man 400 historische Puppen, 150 Teddybären, alte Puppenstuben und historisches Spielzeug bestaunen. Außerdem längst vergessene Haushaltsgeräte und 45 Gussöfen aus drei Jahrhunderten.*

Klosterruine Stuben

Wir radeln über die **Moseluferstraße** auf eine Brücke zu, richten uns aber – anders als die meisten Radler – nicht nach dem grünen M des Mosel-Radwegs, das uns auf die andere Seite des Flusses schicken will, sondern biegen vorher halb links ab und folgen dem Hinweisschild mit dem **grünen Pfeil** Richtung **Kloster Stuben.** Unser Weg ist nur sehr mäßig frequentiert. Das mag daran liegen, dass Radführer meist den ausgeschilderten Mosel-Radweg empfehlen und dass von der gegenüberliegenden Seite des Flusses nicht auf Anhieb erkennbar ist, dass man auch auf dieser Seite radeln kann.

Der gut ausgebaute asphaltierte Weg führt uns zu der Ruine von **Kloster Stuben** ⑥, die wir zuvor von der anderen Moselseite gesehen haben. Wir stellen unsere Räder ab und lassen im Schatten der verfallenen Mauern die Seele baumeln. Immer wieder schweift unser Blick fasziniert die steilen Hänge des Calmont hinauf.

Mit dem Fernglas beobachten wir die Wanderer auf dem Klettersteig. Von der Mosel ertönt fröhliches Kinderlachen. Die Kleinen vergnügen sich an dem hier seichten Fluss. Auch wir gehen hinunter zum Ufer und kühlen unsere Füße im Moselwasser. Wir genießen noch eine Weile die Atmosphäre an diesem verwunschenen Ort, dann steigen wir wieder auf unsere Drahtesel und radeln gemütlich weiter.

Wir fahren nun durch ein Waldgebiet, und die Bäume spenden uns an diesem sonnigen Tag den ersehnten Schatten. Der unbefestigte Weg ist jedoch insbesondere bei Nässe schwierig zu befahren, da er zwar breit, aber teilweise matschig und von Wurzeln bedeckt ist. Dennoch ist diese Strecke es wert, erkundet zu werden, sie hat uns sogar besonders gut gefallen.

Wir entdecken am Wegrand ein Hinweisschild auf einen Fußweg zur **Einsiedelei „Bruder Heinrich“** ⑦. Das interessiert uns doch – wir entschließen uns, den Abstecher von einem guten Kilometer (einfache Strecke) zu machen.

Der Einsiedler lebte um das Jahr 1100 und wurde von der Bevölkerung sehr verehrt, denn er besaß ein umfangreiches Wissen über Heilpflanzen und bot den Menschen Zuflucht und Hilfe in allen Lebenslagen. Er war eng mit dem Frauenstift Stuben verbunden.

Zurück bei den Rädern, setzen wir unsere Fahrt moselabwärts fort. Am Ende des Waldes gelangen wir in **Senheim** wieder auf eine asphaltierte Straße: **Im Kalmet.** Auf ihr fahren wir bis zur Moselbrücke, überqueren den Fluss und kommen so zu unserem Startpunkt in **Senhals** zurück.

*Die **Klosterruine Stuben** ist ein Überrest der 1658 erbauten Klosterkirche des Augustinerchorfrauen-Stifts Stuben am Rand einer der schönsten Moselschleifen. Bereits William Turner, der wohl berühmteste englische Maler der Romantik, hat den idyllischen Ort eindrucksvoll festgehalten.*

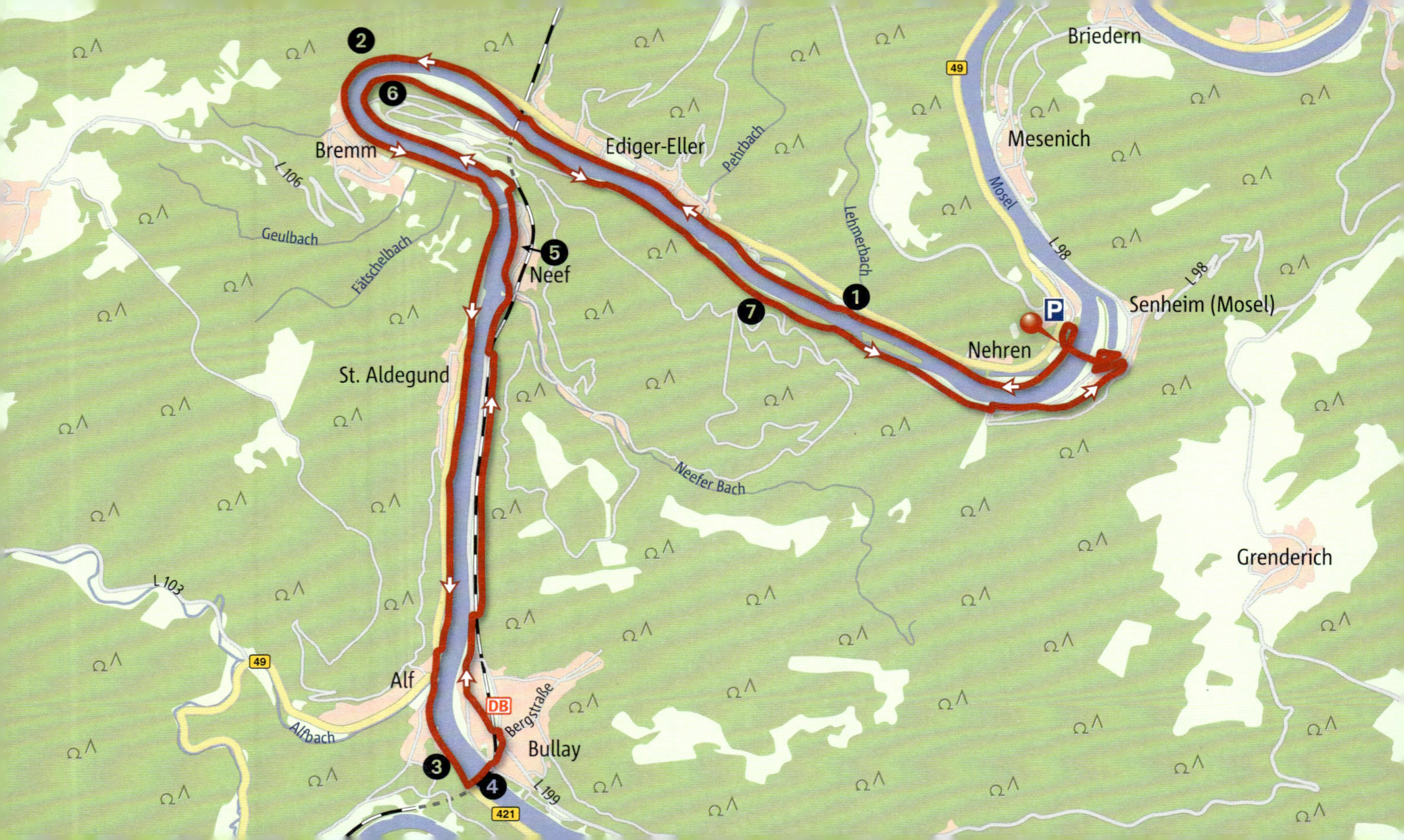
Briedern
Mesenich
Mosel
L 98
Senheim (Mosel)
Nehren
P
Grenderich
Lehmerbach
Pehrbach
Ediger-Eller
Bremm
L 106
Geulbach
Fätschelbach
Neef
St. Aldegund
Neefer Bach
L 103
49
Alf
Alfbach
DB
Bergstraße
Bullay
L 199
421
1
2
3
4
5
6
7

Alles auf einen Blick

WIE & WANN:
Hinfahrt auf dem Mosel-Radweg asphaltiert; Rückfahrt ab Klosterruine Feld- und Waldwege; beste Zeit Frühling bis Herbst an trockenen Tagen

HIN & WEG:
Auto: Parken in 56820 Senheim-Senhals, am Ortseingang neben der Brücke oder im Dorf (GPS: 50.083961, 7.202526)

Entspannung ✸✸✸✸✸
Genuss ✸✸✸✸
Romantik ✸✸✸✸

ÖPNV: RE 1, RE 11, RB 81 oder RB 85 bis Bullay; Einstieg in die Tour an der Bahnhofstraße in Bullay

ESSEN & ENTSPANNEN:
Haus Waldfrieden ❸ Auf Tannerd, 56859 Alf, Tel. (0 65 42) 26 08, www.stein-weine.de
Rucksackverpflegung nicht vergessen!

ENTDECKEN & ERLEBEN:
Wohnturm Hofgut Lehmen ❶
Calmont ❷
Doppelstockbrücke zwischen Alf und Bullay ❹
Ofen- und Puppenmuseum ❺ Neugartenstraße 6, 56858 Neef, Tel. (0 65 42) 2 21 54
Kloster Stuben ❻
Einsiedelei „Bruder Heinrich" ❼

Bernkastel-Kues
✻ 42 Kilometer
✻ 200 Höhenmeter
✻ 3 Stunden
✻ Rundtour
NIESEN
elektro port

Auf dem großen Parkplatz im Bereich der Moselbrücke im Ortsteil Bernkastel stellen wir direkt am Flussufer unser Auto ab. Wenn wir mit dem Radlerbus angereist sind, fahren wir vom Forum Kues (auf der gegenüberliegenden Flussseite) über die Brücke zum Startpunkt.

Pittoreske Dörfer

Zwischen Bernkastel und Piesport

Vom großen Parkplatz an der Mosel folgen wir dem Fluss aufwärts. Am Ortsausgang liegt das **Puppen- und Uhrenmuseum Bernkastel-Kues** ①.

Ab hier folgen wir dem **stilisierten M** des gut ausgeschilderten **Mosel-Radwegs** bis **Andel.** Der Radweg verläuft in diesem Bereich nur kurz neben der Bundesstraße 53 und ab Andel wieder direkt neben dem Fluss. Nach einer Links- und einer Rechtskurve (nicht dem Feldweg geradeaus folgen!) entfernt sich der Weg zunächst etwas vom Moselufer. Wir radeln weiter bis **Mülheim.** Dort biegen wir am Ende des Radwegs links in den **Kalkofenweg** ab, fahren rechts in die **Moselstraße,** folgen den Hinweisschildern mit dem **stilisierten M** und unterqueren die Bundesstraße in Höhe des **Wellness- und Genusshotels Weißer Bär** ②. Im Restaurant des idyllisch direkt an der Mosel gelegenen Hotels werden fangfrischer Fisch aus dem Laacher See, Schweinefleisch aus der Eifel und Wild aus eigener Jagd angeboten. Radler, die hier übernachten, können sich im exklusiven Wellnessbereich und einem Hallenbad mit Dschungelambiente entspannen.

*Das **Puppen- und Uhrenmuseum Bernkastel-Kues** präsentiert auf einer Gesamtfläche von 180 Quadratmetern mehr als 200 Puppen und Teddybären sowie über 60 Uhren aus der Zeit zwischen 1770 und 1960.*

Wir fahren rechts neben der **Bundesstraße 53** (als

Weißer Bär

Moselweinstraße ausgeschildert) auf dem **Mosel-Radweg** weiter, der nach einer Rechtskurve wieder etwas abseits der Straße, aber parallel zum Fluss verläuft. In **Brauneberg** radeln wir geradeaus durch die **Nussbaumallee,** an urigen Winzerhäusern vorbei. Nach dem Ortsausgang leitet uns die Beschilderung mit dem **stilisierten M** erneut weit abseits der Bundesstraße auf einer besonders schönen Strecke entlang der Mosel bis nach **Wintrich.** Ab hier müssen wir wieder neben der B 53 fahren. An der Brücke nach Minheim (die wir auf dem Rückweg überqueren werden) radeln wir geradeaus weiter, biegen kurz danach wieder zum Moselufer ab und gelangen nach **Piesport,** mit 413 Hektar bestockter Rebfläche die größte Weinbaugemeinde an der Mosel.

Im direkt an den Radweg angrenzenden Garten der Winzerfamilie **Lehnert-Veit** ③ kehren wir ein, genießen leckere Hausspezialitäten (mein Tipp: Blutwurst-Pfanne) und dazu einen der hervorragend mundenden Weine aus eigener Produktion.

Gegenüber ragen die steil abfallenden Felsen der **Mosel-Loreley** in die Höhe, eine der wenigen Stellen entlang der Mosel, an der wir nicht in der Nähe des Flusses radeln können. Dort, wo der buschbewachsene Fels ins Wasser taucht, bildet er eine Art Schlucht, so-

Für die Seele

Wir radeln durch historische Winzerdörfer, kehren in der ältesten Weinstube Deutschlands ein und genießen die grandiose Aussicht von einer Burgruine.

Burgruine Landshut

dass am Ufer eine kleine Bucht entsteht. Der kleine Weinberg Piesporter Erzlay ist nur auf dem Wasserweg zu erreichen. „Rebstockpaten“ aus der ganzen Welt arbeiten hier begeistert in dieser besonderen Lage und genießen die Bootsfahrt zur Mosel-Loreley. Da weder Weg noch Straße an dem Felsen vorbeiführen, ist dort auch ein begehrter Ankerplatz für Sportbootfahrer. Vom Gipfel des 443 Meter hohen Berges blickt man weit über den Fluss, den Hunsrück und die Eifel.

Nach der Rast kann, wer will, noch eine Runde durch Piesport drehen. Ansonsten radeln wir zunächst die gleiche Strecke zurück bis zur Brücke von **Minheim.** Hier verlassen wir den ausgeschilderten Mosel-Radweg und wechseln auf die gegenüberliegende Seite des Flusses. (**Hinweis:** Unser Rückweg verläuft teilweise auf Landstraßen; wer dies vermeiden möchte, folgt zurück nach Bernkastel wieder dem Mosel-Radweg.)

Blick auf Piesport

Schloss Lieser

Nach der Brückenabfahrt geht es scharf links, wir unterqueren die Brücke und folgen den Hinweisschildern mit dem **grünen Pfeil.** An der **Moselweinstraße** biegen wir links ab, folgen deren Verlauf nach rechts durch den Ort. An seinem Ende rollen wir rechts hinab bis zum Moselufer, überqueren die Landstraße und fahren links auf dem Radweg weiter bis zum Gelände der **Schleuse Wintrich.** Hier müssen wir auf die Landstraße **(L 47)** wechseln. Bis **Kesten** bleiben wir auf dieser Straße.

Am Ortseingang biegen wir in die erste Straße links **(Am Herrenberg)** ab, radeln langsam ansteigend durch den Ort, schwenken an einer Einmündung links in die Straße **Eiermarkt,** kurz danach wieder rechts in die **Paulinstraße** und folgen dieser geradeaus (nicht rechts in eine der Sackgassen mit gleichem Namen abbiegen!). Wir genießen auf den nächsten Kilometern eine beeindruckende Panoramastrecke mitten durch die Weinberge. Der aussichtsreiche Radweg führt uns kurz vor **Lieser** wieder zurück in die Ebene. Wir erreichen eine Brücke über den gleichnamigen Fluss, überqueren sie geradeaus und sehen bald links von uns das imposante Gebäude von **Schloss Lieser** ❹. Jetzt bietet

__Schloss Lieser__ entstand im 19. Jahrhundert und war die Residenz des Unternehmers Eduard Puricelli. Es beherbergt Weinkeller, Bibliothek und eine Kapelle. Aufwendig restauriert, ist es heute eine Luxus-Unterkunft, die zu den Autograph Collection Hotels gehört.

Cusanus-Geburtshaus

sich eine kleine Pause an, um das idyllisch gelegene Schloss und den zugehörigen Park zu bewundern. Hier ist auch das **Restaurant Schloss Lieser** untergebracht.

Wir sind beeindruckt von dem herrschaftlichen Ambiente, das das Haus prägt. Als aber eine freundliche Mitarbeiterin versichert, dass selbstverständlich auch Radfahrer willkommen seien, überwinden wir unsere Scheu und legen ein Päuschen bei einem Glas Wein ein.

Weinmuseum

Wir folgen dem Radweg abseits der L 47, jetzt wieder direkt neben der Mosel. Auf der gegenüberliegenden Seite des Flusses thront majestätisch die Burgruine Landshut über Bernkastel. Da ein Besuch des Burgrestaurants mit einem atemberaubenden Ausblick belohnt wird, werden wir „die Landshut" heute noch erobern. In einer 180-Grad-Kurve umrunden wir den **Schutzhafen Kues,** biegen an der Hauptstraße rechts auf den Radweg ab und fahren weiter am Ufer entlang.

Wenn wir das **Geburtshaus** des berühmtesten Sohnes der Stadt, **Nikolaus von Kues ⑤,** auch Nikolaus Cusanus genannt, besuchen wollen, zweigen wir an dieser Stelle nur kurz vom Radweg ab: Etwa in Höhe der Spitze des Schutzhafens nehmen wir die **L 47 (Nikolausufer).** Nach einem Besuch der Ausstellung können wir zurück auf den Radweg fahren, der uns weiter am Ufer entlangführt.

*Die ständige Ausstellung im **Cusanus-Geburtshaus** dokumentiert das Leben und den Werdegang des bekannten Gelehrten Nikolaus von Kues, der im Jahr 1401 als Sohn eines Schiffseigners und Fischers geboren wurde. Außerdem werden wechselnde Kunstausstellungen gezeigt.*

Außer durch Nikolaus von Kues ist Bernkastel-Kues weltbekannt durch den „Berncasteler Doctor", der hier in dem größten zusammenhängenden Riesling-Anbaugebiet an der Mittelmosel wächst. Der Name auf dem Etikett lässt vermuten, der Wein verdanke diesen Namen einem promovierten Winzer. Aber

Im Herzen der Altstadt von Bernkastel-Kues ist in einem der schönsten Fachwerkhäuser die älteste ***Weinstube Deutschlands*** *untergebracht, ein Restaurant mit anspruchsvoller Küche und erlesener Weinkarte. Das Ambiente atmet die Romantik vergangener Zeiten.*

weit gefehlt. Der Überlieferung nach ist die Bezeichnung entstanden, weil der schwer erkrankte Trierer Erzbischof Beomund II. im 14. Jahrhundert versprochen habe, denjenigen reich zu belohnen, der ihn von einer schweren Krankheit heile. Ein Bernkasteler Winzer soll ihm ein Fässchen seines besten Weins kredenzt haben und der Bischof sei in kurzer Zeit von seinen Leiden kuriert worden. Der Winzer habe aufgrund dieser überragenden Heilkraft seinen Wein „Berncasteler Doctor" genannt. Fast möchte man glauben, dass es sich so zugetragen hat, denn der Volksmund weiß: In vino veritas – „Im Wein liegt Wahrheit".

Um uns dieser Wahrheit anzunähern, sollten wir auf der Terrasse im Gutsausschank der Villa Thanisch in der parallel zum Radweg verlaufenden **Saarallee** dem „Berncasteler Doctor" aus dem **Weingut Wwe. Dr. H. Thanisch** ⑥ einen Blick in unsere Kehlen erlauben (für eine komplette Weinprobe wird um vorherige Anmeldung gebeten). Dieses Weingut ist nicht nur wegen einer langen Erfolgsgeschichte und vielfach prämierten Weinen außergewöhnlich, sondern auch weil die

Marktplatz

Blick auf Burg Landshut

Geschicke des Weinguts nunmehr seit fünf Generationen von Frauen gelenkt werden. Seit 1996 führt Sofia Thanisch, inzwischen gemeinsam mit ihrer Tochter Christina, den Winzerbetrieb mit einer 375-jährigen Tradition.

Nachdem wir die heilende Wirkung des „Doctor" erfahren haben, radeln wir bis zur Brücke, queren die Mosel, wechseln hinüber in den Ortsteil **Bernkastel** und planen genügend Zeit ein für einen Bummel durch eines der schönsten Stadtbilder der Mittelmosel. Unsere Drahtesel parken wir am Moselufer und beginnen unseren kleinen Stadtrundgang gegenüber der Brücke in der Straße **Markt.** Wir flanieren auf den mit Kopfstein gepflasterten engen Gassen bis zum mittelalterlichen **Marktplatz.** Hier gruppieren sich liebevoll restaurierte uralte Fachwerkhäuser im moselfränkischen Stil. Vom Rand des 1606 errichteten **Michaelsbrunnens** genießen wir den Blick auf die 400 Jahre alten prachtvollen Gebäude, die diesen herrlichen Platz wie ein Modelleisenbahn-Diorama umrahmen. In der **Kallenfelsstraße** befindet sich das **Restaurant anno 1640** 7 mit der **ältesten Weinstube Deutschlands.**

Das Anwesen ist seit mehr als 300 Jahren in der elften Generation im Familienbesitz. Seit über 100 Jahren haben die Inhaber es weitgehend unverändert belassen. Sie finden in ihrem Stil den richtigen Mix zwischen Tradition und Moderne.

Wir sollten es nicht versäumen, noch weiter durch die leicht ansteigenden Gassen zu spazieren und uns von der Atmosphäre einfangen zu lassen. Hier haben wir im Restaurant **Alt Bernkastel** 8 bei Katharina Obst in urigem Ambiente eine nach regionalem Rezept zubereitete fangfrische Moselforelle gegessen.

Das Highlight unserer heutigen Radtour ist jedoch ein Besuch auf der **Burg Landshut** 9.

Ein einmaliges Touren-Erlebnis ist die Fahrt mit dem ***Burg-Landshut-Express.*** *Der knallgelbe offene Oldtimer-Bus fährt von April bis Oktober jeden Mittag und Nachmittag stündlich zur Burgruine Landshut. Die Fahrzeit beträgt knapp 20 Minuten.*

Burg-Landshut-Express

Burg Landshut mit Panoramafenster

Wir könnten die Burgruine zwar auf Schusters Rappen erobern, doch wir lassen uns lieber vom **Burg-Landshut-Express** den steilen Berg hinaufkutschieren. Dazu gehen wir zum Gebäude der Verbandsgemeinde am Moselufer, wo der Oldtimer-Bus **(Am Gestade,** gegenüber dem Doctor-Brunnen) abfährt.

Burg Landshut ist ein beliebtes Ausflugsziel. Aber ihre besondere historische Bedeutung ist erst seit Kurzem bekannt: Im Sommer 2012 fanden Archäologen heraus, dass sie zu den ältesten Bauwerken an der Mosel zählt. Die Forscher entdeckten Reste eines römischen Kastells, auf dem sich die Gebäude aus späterer Zeit erheben.

Im 2021 unter neuer Leitung eröffneten **Restaurant Burg Landshut** bietet ein 10 Meter breites Panoramafenster eine fantastische Fernsicht. Ein Lokal mit einer derart grandiosen Aussicht findet man an der Mosel wohl kein zweites Mal. Romantischer kann ein ereignisreicher Radtouren-Tag kaum enden!

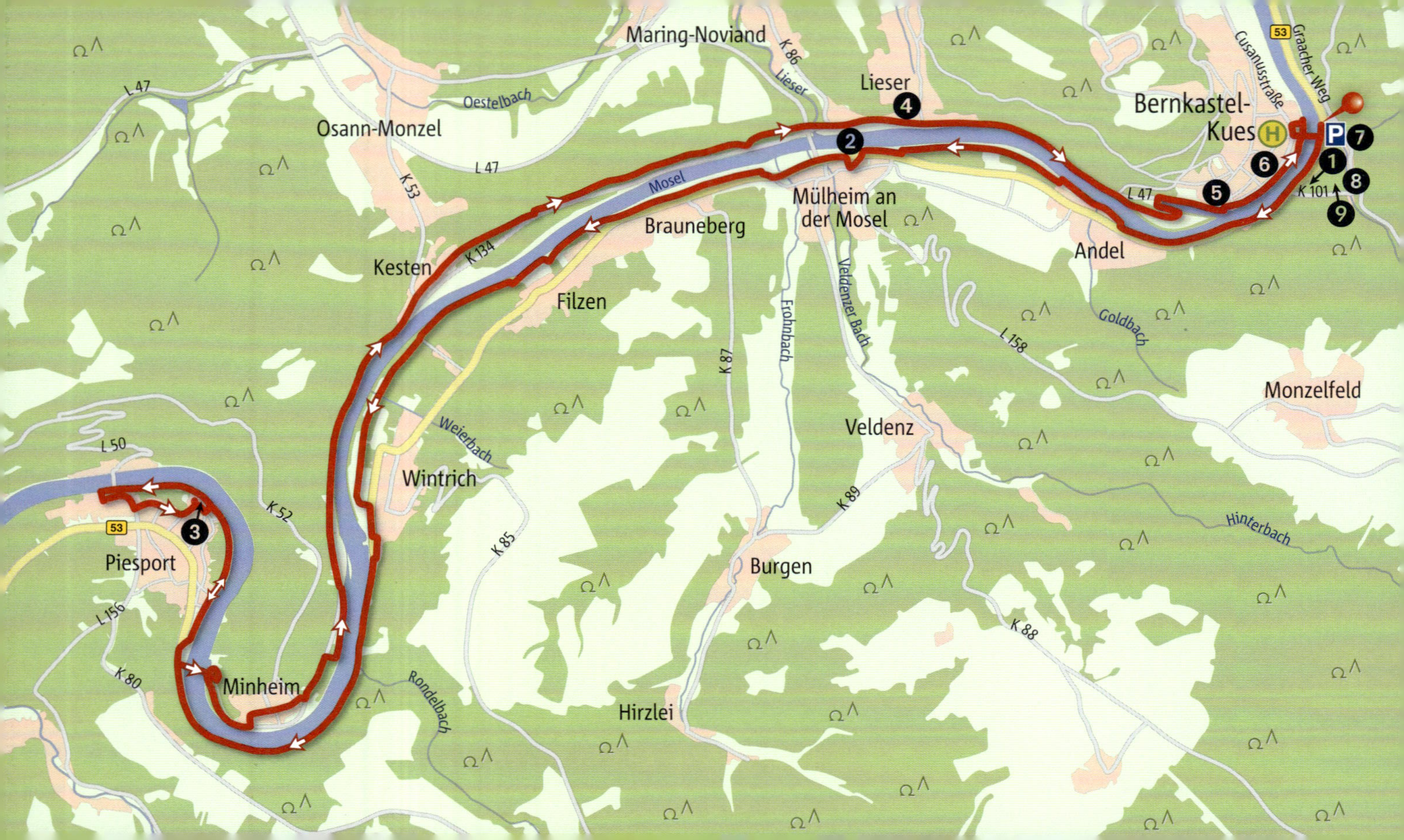

Maring-Noviand
K 86
Lieser
Lieser
4
Bernkastel-Kues
H
Cusanusstraße
53
Graacher Weg
P
7
1
8
9
6
5
K 101
L 47
Oestelbach
Osann-Monzel
L 47
2
Mosel
K 53
Mülheim an der Mosel
Brauneberg
Andel
Kesten
K 134
Filzen
Goldbach
L 158
Veldenzer Bach
Frohnbach
K 87
Monzelfeld
Veldenz
Weierbach
L 50
Wintrich
K 52
K 89
Hinterbach
53
3
Piesport
K 85
Burgen
L 156
K 88
K 80
Minheim
Rondelbach
Hirzlei

Alles auf einen Blick

WIE & WANN:
Asphaltierte Wege, meist autofrei; beste Zeit Frühling bis Herbst

HIN & WEG:
Auto: Parkplatz am Moselufer in Bernkastel, 54470 Bernkastel (GPS: 49.91618, 7.07427)
ÖPNV: Ab Wittlich Hbf. Bus 300 oder 301 bis Kues Forum (Vorbuchung von Fahrradplätzen unter www.radbusse.de empfehlenswert)

Entspannung ★★★★☆
Genuss ★★★★☆
Romantik ★★★★☆

ESSEN & ENTSPANNEN:
Wellness- und Genusshotel Weißer Bär ❷ Moselstraße 7, 54486 Mülheim an der Mosel, Tel. (0 65 34) 9 47 70, www.hotel-weisser-baer.de
Weingut Lehnert-Veit ❸ In der Dur 6–10, 54498 Piesport, Tel. (0 65 07) 21 23, www.lehnert-veit.de
Restaurant Schloss Lieser ❹ Moselstraße 33, 54470 Lieser, Tel. (0 65 31) 98 69 90, www.schlosslieser.de
Weingut Wwe. Dr. H. Thanisch – Erben Thanisch ❻ Saarallee 31, 54470 Bernkastel-Kues, Tel. (0 65 31) 22 82, www.thanisch-vdp.de
Restaurant anno 1640 (älteste Weinstube Deutschlands) ❼ Märchenhotel, Kallenfelsstraße 25–27, 54470 Bernkastel-Kues, Tel. (0 65 31) 9 65 50, www.maerchenhotel.com
Alt Bernkastel ❽ Burgstraße 81, 54470 Bernkastel, Tel. (0 65 31) 9 72 91 23, www.altbernkastel.de
Burg Landshut ❾ Am Burgberg 1, 54470 Bernkastel-Kues, Tel. (0 65 31) 50 05 90 16 www.bernkastel.de/poi/Burg-Landshut

ENTDECKEN & ERLEBEN:
Puppen- und Uhrenmuseum Bernkastel-Kues ❶ Schanzstraße 25, 54470 Bernkastel, Tel. (0 65 31) 97 12 44, www.puppenmuseum-bernkastel.de
Schloss Lieser ❹ siehe auch Essen & entspannen
Geburtshaus des Nikolaus von Kues ❺ Nikolausufer 49, 54470 Bernkastel-Kues, Tel. (0 65 31) 28 31, www.nikolaus-von-kues.de
Burg Landshut ❾ siehe auch Essen & entspannen; Burg-Landshut-Express: Tel. (0 65 31) 80 05 oder 61 44 (Bustouristik Feuerer)

Galerie Eberhard

- 50 Kilometer
- 240 Höhenmeter
- 4 Stunden
- Rundtour

Wir starten auf dem Marktplatz in **Münstermaifeld** (siehe Tour 2, S. 21) und werden heute abseits der Touristenorte im Moseltal über die endlos weite Ebene des fruchtbaren Maifelds radeln, die für viele Ausflügler und Touristen noch absolutes Neuland sein dürfte.

Kunst & Kapellen

Hügeltour über das Maifeld

Auf dem großen Platz rund um die eindrucksvolle Münstermaifelder **Stiftskirche St. Martin** ① können wir unser Auto kostenlos parken. Ein Besuch der Kirche mit ihrem eindrucksvollen Westwerk aus der romanischen Zeit und wertvollen Fresken aus dem 13. Jahrhundert zu Beginn der Tour ist Pflicht! Im **Restaurant Pizzeria Vulcana** ② gleich nebenan können wir uns für das Bevorstehende stärken.

Dann strampeln wir hinter der monumentalen Kirche über die **Stiftsstraße** leicht bergauf bis zur alten Schule. Dort befinden sich heute **Künstleratelier und Galerie** von **Wolfgang Eberhardt** ③. Der Künstler bietet nach telefonischer Anmeldung Führungen an, nach eigener Aussage „auch zu außergewöhnlichen Zeiten“.

Wir biegen links ab in die Straße **Probsteihof** in Richtung des großen **Wasserturms.** Hier queren wir rechts die Hauptstraße, fahren schräg gegenüber in die Straße **Naaf** und rollen, vorbei an einem kleinen Industriegebiet, geradeaus auf einem abschüssigen Wirtschaftsweg weiter. Noch bevor wir den Ortsteil Metternich erreichen, biegen wir an einer Gabelung links ab. Dabei weist uns ein **Radschild (grüner Pfeil)**

Stiftskirche
Münstermaifeld

Galerie Eberhard

Richtung **Mörz** den Weg. Wir radeln über einen asphaltierten Wirtschaftsweg leicht bergauf. Am Ende biegen wir rechts ab auf eine schmale Landstraße und genießen einen ersten herrlichen Rundumblick auf die scheinbar endlos weite Ebene des Maifelds. Rechts von uns blicken wir über das Moseltal hinweg bis weit hinüber zu den Hunsrückhöhen und links von uns erheben sich die Berge der Eifel, die oft durch Kegelform vulkanischen Ursprung erkennen lassen.

Für die Seele

Wir radeln über sanfte Hügel, durch weite Felder und alte Dörfer, besuchen eine Töpferei, genießen die Ruhe und den Blick auf Eifel- und Hunsrückhöhen.

Wir rollen ein kurzes Stück auf der Landstraße, auf der nur wenig Autoverkehr herrscht, leicht bergab nach **Mörz.** Im Ort fahren wir geradeaus weiter auf der Maximilianstraße und biegen in der Rechtskurve links ab in die Römerstraße.

Wer einen Blick in den Innenhof des **Bildhauers Anton Alflen** ❹ werfen möchte, folgt der Rechtskurve und bewundert nach wenigen Metern durch das große schmiedeeiserne Tor auf der linken Straßenseite die Skulpturen. Der Bauernhof ist 150 Jahre im Familienbesitz geblieben und wurde 1997 in eine Heimstätte für die Kunst verwandelt. Beim Betreten des Hofes begrüßen die großen Holzskulpturen von Anton Alflen kunstinteressierte Besucher und wecken die Neugierde darauf, im Innern des Ateliers weitere Werke Alflens zu betrachten. Wenn der Künstler zu Hause ist, wird er uns vielleicht durch den märchenhaft anmutenden Garten mit unzähligen Skulpturen führen, der hinter dem Bauernhaus liegt und von der Straße nicht einsehbar ist. Hier hat er seine Arbeitsstätte eingerichtet und zwei Fachwerkhäuser zu Ferienwohnungen umgebaut. Das heute als Wohnhaus benutzte Gebäude neben Alflens Bauernhof war vor langer Zeit die Dorfgaststätte und gehörte den Eltern von Thomas Anders.

Martina Brück-Posteuka fertigt vom klassischen Geschirr bis zur dekorativen Gartenkeramik eine breite Palette von Objekten und arbeitet auch auf speziellen Kundenwunsch. Man kann ihre Werke vor Ort in der ***Kleinen Töpferei*** *oder über die Website der Künstlerin erwerben.*

Zurück an der Römerstraße sollten wir einen Blick in die **Kleine Töpferei** ⑤ der Künstlerin Martina Brück-Posteuka werfen. Sie töpfert im Nebengebäude des ortstypischen Bauernhofs aus Bruchstein und Fachwerk und bietet ihre Werke in einem liebevoll dekorierten Raum zum Verkauf an. Hier dreht sich alles um den „guten Ton" – wenn auch in einem anderen Sinn, als man diesen Ausdruck sonst gebraucht. Wenn die Keramikmeisterin – wie fast jeden Tag – in ihrer Töpferei arbeitet, können wir ihr über die Schulter schauen, in dem kleinen Verkaufsraum ein Mitbringsel aussuchen und es einpacken oder auch zusenden lassen. Beim Rundgang durch den alten Innenhof gibt es in jedem Winkel Neues zu entdecken: Wichtel, Kräuterzwerge, Gartenfeen, Froschkönige und originelle Blumenstelen.

Garten von Bildhauer Anton Alflen

Mörz wird in manchen Reiseführern als Künstlerdorf in einem Atemzug mit Worpswede oder Fischerhude genannt. Diese Einordnung könnte allerdings falsche Erwartungen wecken. Zwar leben im ländlichen Idyll dieses historischen Maifeld-Orts viele kunstschaffende Menschen und „Lebenskünstler" in nachbarschaftlich guter Gemeinschaft. Sie sind in ihren eigenen vier Wänden künstlerisch kreativ, was man an der Ausgestaltung ihrer Häuser und Innenhöfe unschwer erkennen kann. Aber große Galerien wird der Besucher vergeblich suchen. Nur Martina Brück-Posteuka hat ein „offenes Haus".

Nach unserem Besuch in der Töpferei radeln wir auf der **Römerstraße** weiter bergauf bis zum Ortsausgang und erreichen an der höchsten Stelle eine Landstraße. Hier biegen wir rechts auf den parallel zu ihr verlaufenden Wirtschaftsweg. Von dieser „Kammstraße" haben wir wieder eine herrliche Panoramasicht, bei klarem Wetter sogar bis nach Koblenz, auf die Westerwaldhöhen und in den Taunus.

An einer alten **Kapelle** 6 queren wir die Landstraße. Hier verläuft der Pilgerweg von Kottenheim nach Kamp-Bornhofen.

*Heute noch versammeln sich **Wallfahrer** einmal jährlich morgens um vier Uhr in Kottenheim, um über einen Tag lang über das Maifeld hinunter zur Mosel und von dort wieder hoch in den Hunsrück und weiter bis zu dem Wallfahrtsort Kamp-Bornhofen am Rhein zu ziehen.*

Wir biegen hinter der Kapelle rechts ab auf den asphaltierten Feldweg und folgen dem Hauptweg links bergab Richtung Kalt. Am Ortseingang radeln wir auf der Waldstraße geradeaus weiter in den Jakobsberg. In der Ortsmitte biegen wir rechts in die Brunnenstraße ab, folgen ihr bis zum Ortsende und wenden uns nach rechts in einen Feldweg (Richtung Emmelshof). An der Wegkreuzung auf der gegenüberliegenden Straßenseite steht eine weitere liebevoll restaurierte **Kapelle 7**. Wir fahren auf dem zunächst asphaltierten Wirtschaftsweg weiter, vorbei an einer großen Halle. Nach der Rechtskurve folgen wir nicht (!) dem Weg nach links zu den Gebäuden des Aussiedlerhofs, sondern radeln geradeaus auf einem Wiesenweg weiter, folgen dem Wegverlauf in der Linkskurve, passieren den Aussiedlerhof (links von uns) und fahren parallel zur Landstraße auf dem geschotterten Feldweg leicht bergab. An der **Heidgermühle 8** radeln wir zwischen einer Kapelle und historischen Gebäuden hindurch. Die Kapelle ist, wie die beiden anderen, an denen wir zuvor vorbeigekommen sind, in der Liste der rheinland-pfälzischen Kulturdenkmäler als besonders sehenswert aufgeführt.

Abzweig an der Kapelle

Heidgermühle

An der Heidgermühle halten wir uns kurz links und radeln auf einer wenig befahrenen Landstraße über einen Hügel, bis wir nach etwa einem Kilometer **Rüber** erreichen. Im Ort folgen wir der Hauptstraße (Küttiger Straße), bis sie zum zweiten Mal eine Rechtskurve beschreibt. Hier fahren wir geradeaus in die **Dr.-Albert-Schweitzer-Straße** und radeln leicht bergauf über die Polcher Straße bis zum Ortsausgang. Am dortigen Kreisel biegen wir auf die schmale Landstraße Richtung **Kerben** ab und strampeln über zwei Hügel. Es geht in diesem Bereich stramm bergauf. Für alle, die ohne Unterstützung eines Elektromotors unterwegs sind, gibt es allerdings Trost: Es ist die letzte Bergstrecke außerorts! Außerdem bietet sich uns von der Höhe ein herrlicher Blick auf die Kuppen der Eifelberge, die sich majestätisch in der Ferne erheben.

Wir rollen – immer noch auf der Landstraße – steil bergab Richtung **Kerben** und unterqueren eine Eisenbahnbrücke. Über sie führt der Radweg, den wir gleich nutzen werden. Nach den ersten Häusern folgen wir dem Hinweisschild mit dem **grünen Pfeil** rechts ab –

Achtung, es ist bei schneller Fahrt leicht zu übersehen! – und stoßen auf den **Maifeld-Radweg.** Links von uns liegt das alte Bahnhofsgebäude. Wir fahren weiter, biegen rechts ab und radeln auf dem Maifeld-Radweg bis zum ehemaligen Bahnhof Polch. Hier teilt sich die Strecke in der Form eines Mercedes-Sterns. Geradeaus und dann halblinks führt der Maifeldradweg nach Münstermaifeld. Zuvor fahren wir aber halb rechts und machen einen kleinen Abstecher **Richtung Mayen.** Wer sich für Wohnmobile interessiert, kann sich am Ortsausgang (rechts direkt am Radweg) in der Ausstellung der marktführenden Firma Niesmann Caravaning (Kehrstraße 51) über die neuesten Modelle und Zubehör für radelnde Wohnmobilfahrer informieren. Wir folgen dem Radweg weiter, queren die A 48 und erreichen den idyllisch gelegenen kleinsten Polcher Stadtteil Nettesürsch mit nur wenigen Häusern. Hier wird noch Schieferbergbau betrieben. Die unmittelbar rechts vom Radweg gelegene **Schiefergrube Margareta** ⑨ und die Grube Katzenberg in Mayen sind

*Der Ausdruck **Moselschiefer** ist eine geschützte Bezeichnung für Schiefer aus den Gemarkungen Mayen, Polch, Müllenbach, Trier und Umgebung und erinnert daran, dass die Verschiffung ursprünglich über die Moselhäfen erfolgte.*

Bahnhof Polch

Kapelle Mertloch

die einzigen aktiven Gruben in der Eifel, die noch Dachschiefer fördern.

Der Schieferbergbau in der Region geht bis ins 15. Jahrhundert zurück. Seit 1870 erfolgte der Abbau über Stollen oberhalb der Talsohle. 1912 wurde erstmals ein Schacht abgeteuft, also senkrecht nach unten gebaut. Die Arbeiten am heutigen Hauptschacht, der inzwischen eine Tiefe von 220 Metern erreicht, begannen im Jahr 1928. Das Schachtgerüst ist erhalten geblieben. Jedoch gelangt man heute über einen 1994 gebauten Serpentinentunnel ins Bergwerk, der für Lkw befahrbar ist. Diese Innovation war Vorbild für viele Schieferbergwerke in ganz Europa.

Hinter Nettesürsch wird es spektakulär: Wir radeln zunächst durch zwei beleuchtete Eisenbahntunnel. Als die Strecke noch in Betrieb war, war die Wanderung durch die Tunnel unsere „Mutprobe“. Wir Kinder spazierten wagemutig durch den Tunnel und wenn sich ein Zug näherte, versteckten wir uns in den – heute zubetonierten– Mauernischen.

In einem ehemaligen Maifelder Bauernhaus in Polch ist das ***Spielzeug- und Puppenmuseum*** *beheimatet. An den mehr als 1300 verschiedenen Objekten und 250 Bilder-, Märchen- und Kinderbüchern haben auch Erwachsene ihre Freude.*

Hinter den beiden Tunnelröhren überspannt mit einer Höhe von 31 Metern und einer Länge von 114 Metern ein 1904 fertiggestelltes **Eisenbahnviadukt** ⑩ den Fluss Nette. Wir überqueren das mit hohen Zäunen gesicherte Bauwerk und genießen den weiten Blick. Dieses im wahrsten Sinne des Wortes „Highlight" ist unser Wendepunkt. Wir mach kehrt und radeln zurück nach **Polch.** Das kleine Städtchen hält mit dem **Spielzeug- und Puppenmuseum** ⑪ eine wahre Schatzkiste voller Erinnerungen bereit. Der kleine Abstecher dorthin führt gegenüber vom **alten Bahnhof Polch** bergab in die **Gartenstraße,** dann an der zweiten Kreuzung geradeaus über die **Kirchstraße** bis zum **Marktplatz.**

Sofern wir nicht in den Ort wollen, fahren wir am alten Bahnhof Polch weiter auf der linken Trasse Richtung Münstermaifeld.

In **Mertloch** bietet das **Gasthaus Streckenhäuschen** ⑫ Gyros und Pita an. Wir können sie auch auf einer der Bänke am großen Radler-Rastplatz vor dem Gasthaus verzehren.

Münstermaifeld vom Radweg Polch

Bald darauf radeln wir am Rand von **Naunheim** entlang. Rechts von uns lädt der **Gasthof Port** ⑬ zu einer Pause ein.

Nach einer Kurve taucht in der Ferne wieder die alles überragende Stiftskirche auf. Wir überqueren eine Landstraße und fahren bis zum **alten Bahnhof Münstermaifeld**. Dahinter biegen wir rechts ab und radeln die **Raiffeisenstraße** bergauf. An deren Ende geht es links in die **Bahnhofstraße** und auf der Hauptstraße **(Untertorstraße)** weiter bis zum braunen Hinweisschild zur Stiftskirche. Hier biegen wir links ab in die **Martinstraße** und gelangen wieder zu unserem Ausgangspunkt am Münsterplatz. Doch eine noch schönere Option ist es, erst noch einen Mini-Abstecher durch die **Obertorstraße** zu **Löffels Landhaus** ⑭ zu machen und dort den Ausflug mit kulinarischen Genüssen ausklingen zu lassen. Wer noch überschüssige Kraft hat, kann in der Tourist-Information Münstermaifeld am Münsterplatz eine Stadtführung buchen (siehe auch Tour 2, S. 22).

Kerben
Lonnig
Keverbach
Nette
48
L 113
L 52
K 48
K 49
L 112
K 46
Kaan
Polch
Rüber
Dreckenach
Polcher Bach
St. Georgenbach
Nothbach
L 122
Einig
K 32
Polcher Straße
L 113
K 31
Dalkebach
K 45
Gering
K 34
Gappenach
L 112
Küttig
K 34
Kalt
Mertloch
L 82
Kollig
L 82
Gierschnach
L 82
K 42
Moselsürsch
Bimbach
Roter Erdbach
Mörz
49
Mosel
416
Naunheim
K 42
L 82
K 43
L 110
Münstermaifeld
Elzbach

Alles auf einen Blick

WIE & WANN:
Asphaltierte Wege, meist autofrei; besonders schön zur Rapsblüte im Frühling

HIN & WEG:
Auto: Parken rund um die Stiftskirche St. Martin, 56294 Münstermaifeld (GPS: 50.24771, 7.36217)
ÖPNV: Keine direkte Anbindung an die Strecke

Entspannung ✱✱✱✱✱
Genuss ✱✱✱✱✱
Romantik ✱✱✱✱✱

ESSEN & ENTSPANNEN:
Restaurant Pizzeria Vulcana ❷ Münsterplatz 3, 56294 Münstermaifeld, Tel. (0 26 05) 8 41 38, www.pizzeria-vulcana.de
Gasthaus Streckenhäuschen ⓬ Am Bahnhof 5, 56753 Mertloch, Tel. (0 26 54) 72 92
Gasthof Port ⓭ Bahnhofstraße 2, 56753 Naunheim, Tel. (0 26 54) 75 50
Löffels Landhaus ⓮ Obertorstraße 42, 56294 Münstermaifeld, Tel. (0 26 05) 95 37 73, www.loeffelslandhaus.de

ENTDECKEN & ERLEBEN:
Stiftskirche St. Martin ❶ Münsterplatz, 56294 Münstermaifeld
Künstleratelier und Galerie Wolfgang Eberhardt ❸ Herrenstraße 26, 56294 Münstermaifeld, Tel. (0 26 05) 82 88, www.art-eberhardt.de
Bildhauer Anton Alflen ❹ Moselstraße 5, 56294 Münstermaifeld-Mörz, Tel. (0 26 05) 14 18, www.steinundmeissel.de
Die kleine Töpferei ❺ Römerstraße 7, 56294 Münstermaifeld-Mörz, Tel. (0 26 05) 14 29, www.die-kleine-toepferei.de
Kapellen ❻ und ❼
Heidgermühle ❽
Schiefergrube Margareta ❾
Eisenbahnviadukt ❿
Spielzeug- und Puppenmuseum im Stadthaus Polch ⓫
Marktplatz 2, 56751 Polch, Tel. (0 26 54) 9 40 22 41

Stattstrand

- 20 Kilometer
- 70 Höhenmeter
- 2 Stunden
- Rundtour

Vom Parkplatz folgen wir der Rheinstraße zu eben diesem und fahren mit ihm nach links zum **Deutschen Eck.** Unsere Radtour startet vor dem weltbekannten **Kaiser-Wilhelm-Denkmal** (1) am Deutschen Eck in Koblenz, der „schönsten Stadt zwischen zwei Flüssen“.

Am Monument der deutschen Einheit vereint sich die ruhige „Mutter Mosel“ mit dem temperamentvollen „Vater Rhein“, eine besonders eindrucksvolle Kulisse für den Start unserer kleinen Radreise. Bevor wir uns auf den Sattel schwingen, steigen wir über die 107 Stufen der steilen Treppe zum oberen Aussichtsring am Deutschen Eck. Beim Blick auf beide Flüsse stehen wir mit etwas Fantasie inmitten der Kommandozentrale eines Traumschiffs, dessen riesiger Bug schein-

*Das 1897 errichtete **Reiterstandbild Kaiser Wilhelms I.** wurde in den letzten Tagen des Zweiten Weltkriegs komplett zerstört. Auf dem Steinsockel stand bis 1993 nur ein Mast mit der deutschen Fahne. Dank einer großzügigen Spende sitzt der Kaiser heute wieder im Sattel.*

Zwei Flüsse

Unterwegs in Koblenz

bar durch einen einzigen Fluss schwimmt. Rechts thront auf einem weitläufigen Plateau die Festung Ehrenbreitstein. Ihr wollen wir später noch einen ausgiebigen Besuch abstatten.

Aber erst einmal heißt es aufsitzen, um uns ein wenig warm zu strampeln. Wir radeln an der Mosel entlang, vorbei am **Gasthaus Deutscher Kaiser** mit seinem rosa gestrichenen Gebäude aus dem Jahr 1521, und den weißen Mauern der **Alten Burg.** Da der Rad- und Fußweg ab der historischen Balduinbrücke immer schmaler wird, fahren wir eine kurze Strecke auf der Straße. Am Moselufer ankern Passagierschiffe aus Deutschland, Frankreich und den Niederlanden. An den Anlegestellen warten Omnibusse der Reiseveran-

stalter, um die Flusskreuzfahrer an sehenswerte Orte in der Region zu kutschieren, von denen wir einige per Rad besuchen werden.

Wir unterqueren eine Eisenbahnbrücke und die „neue" Moselbrücke, biegen vor einem leichten Anstieg rechts ab, folgen dem mit einem **grünen Pfeil** beschilderten Radweg und gelangen zur **Moselstaustufe.** Radfahrer dürften hier theoretisch über die Staustufe zur anderen Seite wechseln, aber das Schieben der Drahtesel auf der engen Laufschiene des steilen Treppenaufgangs macht keinen Spaß. So fahren wir weiter und sehen vor uns das architektonisch reizvolle und farbenprächtige, im Hundertwasser-Stil erbaute **Contel Hotel ❷.** Es besitzt einen der schönsten Koblenzer Biergärten mit kleiner Seenlandschaft. Ein kleiner Stopp bietet sich angesichts des besonderen Charmes dieser Location an – aber weil es reichlich früh für eine Einkehr ist, könnten wir auch am Abend zum Sundowner hierher zurückkehren.

Vor dem Wendehammer und Parkplatz des Hotels folgen wir rechts dem Hinweisschild mit dem **grünen Pfeil** und radeln immer in Flussnähe. Links von uns wurden moderne Wohnhäuser erbaut und Siedlungshäuschen aus den 1940er-Jahren liebevoll umgestaltet. Diese stehen auf großen Grundstücken – was für die Selbstversorgung in der Nachkriegszeit wichtig war. Dann taucht vor uns die **Rauentalshöhe** auf, eines der ersten in Koblenz erbauten Hochhäuser. Direkt daneben befinden sich das Gebäude des 1877 gegründeten Koblenzer Ruderclubs Rhenania und das **Restaurant Delphi,** dessen Terrasse einen wunderbaren Moselblick bietet.

Einige Hundert Meter weiter folgen wir **nicht** dem grünen Pfeil des Mosel-Radwegs, der uns auf die an-

Für die Seele

Wir steigen dem Kaiser aufs Dach, lassen am Moselstrand die Seele baumeln, schweben mit der Seilbahn zur Festung und genießen den Sonnenuntergang.

Contel-Hotel

Moselstaustufe

dere Moselseite schicken will, sondern fahren stattdessen geradeaus. Am Fußgängerüberweg an einer Bushaltestelle vor dem Ortsausgang wechseln wir die Straßenseite und fahren hoch zur **Moselweißer Eisenbahnbrücke.** Nach einem kurzen steilen Anstieg steigen wir vor einer scharfen Linkskurve ab. Wir schieben unsere Räder, denn der Weg neben den Bahngleisen ist reichlich schmal. Bei Gegenverkehr warten wir auf einem Podest der auskragenden Brückenpfeiler und genießen den Blick auf die Mosel und die Weinberge an ihren Ufern.

Wir rollen die Brückenabfahrt hinunter, biegen scharf links ab, überqueren die Straße an der Fußgängerfurt unterhalb der Brücke und fahren rechts ein kurzes Stück auf dem Mosel-Radweg Richtung **Cochem.** Kurz danach biegen wir vom offiziellen Weg erneut ab und folgen links dem grünen Pfeil mit dem

Hinweisschild **Gülser Moselbogen.** Wir genießen die Fahrt zwischen Fluss, Wiesen und Schrebergärten und passieren eine kleine Brücke, unter der die Skipper in den geschützten **Sportboothafen** fahren können. Hinter hohen Hecken tauchen die ersten Giebel der Wochenendhäuser auf dem Campingplatz Gülser Moselbogen auf. An der Stelle, wo am Fluss nur noch ein Feldweg weiterführt, folgen wir der Rechtskurve des asphaltierten Wegs und radeln leicht bergauf. An der Gabelung vor dem Campingplatz biegen wir links ab und gelangen über einen Waldweg zur **Bundesstraße 416.** Hier orientieren wir uns rechts, erreichen die Stelle, an der wir zuvor in den Gülser Moselbogen abgebogen sind, und fahren auf dem breiten Seitenstreifen neben der Bundesstraße Richtung Koblenz.

Obsthof Sattler

Einige Meter weiter können wir auf der linken Seite am **Imbiss Anker Grill** den kleinen Hunger stillen. Wer statt Currywurst mit Pommes frisches Obst bevorzugt, gönnt sich einige Hundert Meter weiter beim **Obsthof Sattler** eine andere Art von Zwischenmahlzeit.

Je nach Wetterlage und Planung für den Nachmittag und Abend hätten wir auch die Möglichkeit, uns schräg gegenüber auf der Terrasse im **Weinhaus Schwaab** ③ mit einem Winzerschmaus zu stärken und einen Moselwein oder einen der berühmten Fruchtsäfte des Weinguts zu probieren.

Noch vor der Auffahrt zur Kurt-Schumacher-Brücke verlassen wir den Radweg neben der Straße

Fährhaus

und biegen rechts ab Richtung Mosel und zum **Fährhaus** ④ am Stausee. Von der Terrasse des Restaurants hat man einen schönen Blick auf die Stadt und die Mosel.

Wir fahren am Gelände des Yachtclubs vorbei und erreichen ein weiteres Highlight dieser Tour, den **Stattstrand am Stadtrand** ⑤.

*Direkt am Moselufer wurden nicht weniger als 800 Tonnen Sand für einen **Stadtstrand** verarbeitet. Echte Palmen, bunte Strohschirme, bequeme Liegestühle und Lounge-Sofas vermitteln bei entspannender Musik echte Urlaubsgefühle.*

Inmitten der Stadt finden wir eine Oase der Ruhe, um die Seele baumeln zu lassen. Diese besondere Auszeit mit „Meer-Feeling" sollten wir uns nicht entgehen lassen.

Nach einem Cocktail radeln wir zwischen Zäunen durch das Gelände der **Pionierkaserne,** folgen jedoch **nicht** der links ansteigenden Straße, sondern biegen – es gibt kein Hinweisschild! – rechts ab Richtung Fluss. Hinter dem Gelände des **Postsportvereins** führt der Radweg wieder direkt an der Mosel entlang. Auf der linken Seite erheben sich auf steil ansteigenden Grundstücken zahlreiche alte Villen und imposante Neubauten. Zwischen dem Zaun (der die Schleuse an der Moselstaustufe gegen unbefugtes Betreten sichert) und den angrenzenden Gärten und Mauern wird der Weg immer schmaler. Obwohl wir vor uns ein geschlossenes **Tor** entdecken, radeln wir weiter, denn erst aus der Nähe erkennen wir, dass die Durchfahrt offiziell erlaubt ist. Auf dieser kurzen Strecke sollten wir unsere Räder schieben. Wir unterqueren die **Lützeler Eisenbahnbrücke (Achtung!** Geringe Durchfahrtshöhe!), strampeln links hoch zur Balduinbrücke und müssen unser Rad über die breite Rampe der Wendeltreppe vom **Schüllerplatz** zur **Balduinbrücke** schieben. Das Radfahren ist hier verboten und Kontrollen sind durchaus üblich!

Wer noch einen **Abstecher** an den Rhein machen möchte, fährt am **Schüllerplatz** geradeaus weiter durch die **Neuendorfer Straße** im Stadtteil Lützel, biegt rechts ab in den **Schartwiesenweg** und genießt am Moselufer in Höhe vom **Campingplatz** den Blick auf den Kaiser und die andere Rheinseite mit der Festung Ehrenbreitstein. Im Winterhafen vor dem Campingplatz liegt

Stattstrand

das **Boot Liesel,** das uns, sofern es in Betrieb ist, über die Mosel wieder zum Deutschen Eck bringen könnte.

Unsere eigentliche Route führt aber über die **Balduinbrücke.** Wir biegen an dem kleinen Kiosk auf der anderen Flussseite links ab. Kurz danach radeln wir rechts durch einen alten Torbogen **(Paradies)** und überqueren halb links den **Münzplatz.** Zwischen Café Werrmann und dem Imbiss „Max und Moritz" geht es geradeaus weiter in die **Fußgängerzone.** Bis zur **Kreuzung Vier Türme** ist das Radeln zwar erlaubt, aber es ist besser, wenn wir unsere Räder schieben.

An der Kreuzung biegen wir links ab und überqueren den Platz **Am Plan.** Hier befinden sich zahlreiche gastronomische Betriebe mit Außenbewirtung, besonders empfehlenswert ist das **Wirtshaus Alt Coblenz** ❻ des Ur-Kowelenzers Joe Wilbert, eines der ältesten Wirtshäuser der Stadt.

*Im **Wirtshaus Alt Coblenz** kann man sich in stilvoll-ländlichem Ambiente wohlfühlen. Es gibt einen historischen Weinkeller und eine Terrasse. Der Gast hat die Wahl zwischen regionalen und südländischen Gerichten. Als Begleitung bietet sich eine große Auswahl ausgezeichneter Weine an.*

Wir bewegen uns, vorbei am **Entenbrunnen,** weiter geradeaus durch die Fußgängerzone und biegen an der nächsten Straße rechts ab. Wir können auch kurz

am „Pipehouse Wilde" absteigen und unsere Räder durch das enge **Jesuitengässchen** schieben.

Auf dem Jesuitenplatz stellen wir die Räder ab und genießen auf der Terrasse der Eisdiele **Brustolon** **7** den Charme des für mich schönsten Platzes der Stadt. Die italienische Familie Brustolon stellte bereits 1936 das erste Speiseeis in Koblenz her. Ihre heutigen Nachfolger stehen ihnen bestimmt in nichts nach. Ein heißer Tipp: das Erdbeer-Spaghetti-Eis! Wer auf der Terrasse keinen Platz mehr findet, nimmt ein Eis auf die Hand.

Bevor wir weiterradeln, machen wir noch einen kleinen Abstecher und gehen durch den Torbogen zwischen Jesuitenkirche und Rathausgebäude. Direkt dahinter spuckt der **„Kowelenzer Schängel"** auf (zu) neugierige Touristen.

Zurück am Jesuitenplatz, radeln wir weiter durch die Fußgängerzone Richtung Rhein zum Görresplatz, bewundern den **Brunnen mit der Siegessäule,** auf der die mehr als 2000-jährige Koblenzer Geschichte der Stadt in Stein gemeißelt ist.

Wir könnten schon wieder eine Ruhepause auf der Terrasse des **Adaccio** **8** einlegen, aber selbst wenn wir das nicht tun, sollten wir es keinesfalls versäumen, den prachtvollen Restaurantbereich des wahrscheinlich schönsten historischen Gebäudes der Stadt zu bewundern.

Wer sich nicht mehr für das Koblenzer Schloss, dafür aber für Pizza, Pasta und Meeresfrüchte interessiert, der macht an dieser Stelle einen kleinen **„Abkürzer"** und radelt geradeaus weiter Richtung Rhein. Der Weg führt vorbei an den Lieblingsitalienern des Autors, **La Gondola** ⑨ und **Adria** ⑩. Am Rhein geht es links ab Richtung **Deutsches Eck.**

Die Hauptroute unserer Tour macht dagegen noch einen kleinen Schlenker: Wir queren den **Görresplatz,** vorbei an der Siegessäule. Auf der gegenüberliegenden Seite des Platzes ist das **Parkhaus,** von dem aus alle, die mit dem Auto gekommen sind, die Tour starten.

Weinbrunnen von 1925

Dahinter fahren wir geradeaus durch die **Poststraße** (auf der rechten Fahrbahnseite!). An der Ampel kreuzen wir die **Clemensstraße,** schieben die Räder über den **Deinhardtplatz** und queren wenige Meter weiter am **Stadttheater** an der nächsten Ampel die Straße **Neustadt.** Auf der anderen Straßenseite fahren wir rechts ab und folgen den Hinweisschildern mit dem **grünen Pfeil,** umrunden das **Koblenzer Schloss,** unterqueren die Pfaffendorfer Brücke und radeln links hinunter zum Rhein. Hier biegen wir erneut links ab und folgen dem Radschild **Deutsches Eck.**

Vor der neu gestalteten **Rhein-Mosel-Halle** wurde der 1925 anlässlich der Reichsweinmesse errichtete **Weinbrunnen** wieder an historischer Stelle aufgebaut. Wir unterqueren erneut die Pfaffendorfer Rheinbrücke.

Auf der untersten Stufe der **Schlosstreppe** ⑪ erfrischt Vater Rhein unsere Radlerfüße. Wir genießen den Blick auf die Festung und die gegenüberliegenden Stadtteile, auch „rheinisches Nizza" genannt. Dorthin wollen wir, jedenfalls soweit es unser Zeitkonto erlaubt, heute noch einen Ausflug machen.

Kurz vor dem deutschen Eck erhebt sich die 1991 zur Basilica minor erhobene **Kirche St. Kastor** ⑫. Wir stellen unsere Räder ab und schlendern durch den Blumenhof, auch **Paradiesgarten** genannt. Auf der Rückfront der Basilika informieren zahlreiche Schautafeln über die Entstehung des Deutschen Ecks.

Wer mag, kehrt nun zum Ausgangspunkt zurück und lässt am Zusammenfluss von Mosel und Rhein den Radtag ausklingen. Alle anderen fahren – getreu dem Motto „Das Beste kommt zum Schluss" – mit der **Seilbahn Koblenz** ⑬ hoch zur Festung Ehrenbreitstein. Die Luftseilbahn wurde 2011 anlässlich der Bundesgartenschau erbaut. Ein Pluspunkt für uns: Wir können auch das Rad mitnehmen! Daher brauchen wir uns auch nicht mehr um die letzte Talfahrt der Seilbahn zu kümmern und können es uns ersparen, beim

*Die **Basilika St. Kastor** ist wegen des gut erhaltenen romanischen Baubestandes besonders sehenswert. Der Paradiesgarten direkt neben dem ältesten Koblenzer Gotteshaus ist eine Oase der Stille am Rand der Altstadt.*

Seilbahn Koblenz

Besuch der Festung dauernd auf die Uhr zu schauen. Wir werden ganz entspannt mit dem Rad wieder nach unten rollen.

So schweben wir ohne Anstrengung über den Rhein und genießen es, wie sich nach und nach ein atemberaubender Blick ins Weltkulturerbe Mittelrheintal bis hin zu den Vulkankegeln der Eifel und den Hunsrückhöhen öffnet. Wenn wir mit Kabine Nummer 17 fahren können, haben wir besonderes Glück gehabt: Sie besitzt einen Glasboden!

Der Panorama-Rausch setzt sich nach dem Aussteigen aus der Seilbahn nahtlos fort: Von der **Festung Ehrenbreitstein** ⑭ genießen wir mit festem Boden unter den Füßen den grandiosen Rundumblick und können uns kaum sattsehen.

Wer die Tour am Rhein beenden möchte, fährt den **Felsenweg** (die erste Abzweigung vom Felsplateau rechts) hinunter zum Fluss, biegt links ab und fährt ein kurzes Stück entlang der Bundesstraße. In der Altstadt von Ehrenbreitstein geht es rechts (Fahrradladen Mitschke) durch eine Bahnunterführung zum Rheinufer. In der Sommerlounge von **Diehls Hotel** ⑮ lässt sich ein letzter Absacker wunderbar genießen. Die Sitzsäcke garantieren einen entspannten Aufenthalt. Hier können wir bis spätabends den Blick auf das Deutsche Eck, den Rhein und die Koblenzer Altstadt genießen.

*118 Meter über dem Rhein thront die **Festung Ehrenbreitstein,** Europas zweitgrößte Befestigungsanlage nach Gibraltar. Auf dem Festungsplateau sind neben einer der schönsten Jugendherbergen Deutschlands das Landesmuseum und das Bundesarchiv untergebracht.*

Festung Ehrenbreitstein

Rübenach
L 98
L 127
L 52
Rübenacher Straße
Trierer Straße
416
9
Moselstausee
Lützel
Neuendorfer Straße
Niederberg
L 127
Mühlenbach
Metternich
Rauental
Moselweißer Straße
Alt-
stadt
49
42
Ehrenbreitstein
Seifenbach
Arzheim
L 52
Viktoriastraße
Neustadt
Mosel
Koblenzer Straße
Goldgrube
Schleider Bach
In der Laach
Beatusstraße
Mosel-
weiß
Koblenz
Rhein
Asterstein
DB
Karthause
Hohenzollernstraße
Mainzer Straße
Rheinlache
Bienhornbach
Pfaffendorf
K 5
Simmerner Straße
Güls
Gulisastraße
Ober-
werth
Pfaffendorfer
Höhe
Moselweinstraße
Bisholder
Emser Straße
327
Laubach
Horchheim
Horchheimer
Höhe
1
2
3
4
5
6
7
8
9
10
11
12
13
14
15
P

Alles auf einen Blick

WIE & WANN:
Asphaltierte Wege, meist autofrei; beste Zeit Frühling bis Herbst

HIN & WEG:
Auto: Parkhaus am Görresplatz, Gerichtsstraße 4, 56068 Koblenz (GPS: 50.3593, 7.60077)
ÖPNV: RE 1, RE 5, RE 8, RB 10, RB 23, RB 26, RB 27 oder RB 81 bis Koblenz Hbf.; von dort über Markenbildchenweg, Januarius-Zick-Straße bis zum Rhein, dann links am Fluss entlang zum Deutschen Eck (ca. 2 km)

ESSEN & ENTSPANNEN:
Contel Hotel ❷ Pastor-Klein-Straße 19, 56073 Koblenz, Tel. (02 61) 40 65-0, www.contel-koblenz.de
Weinhaus Schwaab ❸ Winninger Straße 84, 56072 Koblenz, Tel. (02 61) 9 22 44 83, www.weinkeller-schwaab.de
Fährhaus ❹ An der Fähre 3, 56072 Koblenz, Tel. (02 61) 2 01 71-0, https://faehr.haus

Entspannung ✱✱✱✱✱
Genuss ✱✱✱✱✱
Romantik ✱✱✱✱✱

Wirtshaus Alt Coblenz ❻ Am Plan 13, 56068 Koblenz, Tel. (02 61) 16 06 56, www.alt-coblenz.de
Brustolon ❼ Firmungsstraße 34, 56068 Koblenz, Tel. (02 61) 3 55 17
Adaccio ❽ Firmungsstraße 2, 56068 Koblenz, Tel. (02 61) 1 00 58 33, www.adaccio.de
La Gondola ❾ Rheinstraße 6, 56068 Koblenz, Tel. (02 61) 3 31 36, www.lagondola-koblenz.de
Adria ❿ Rheinstraße 4, 56068 Koblenz, Tel. (02 61) 3 53 87
Diehls Hotel ⓯ Rheinsteigufer 1, 56077 Koblenz-Ehrenbreitstein, Tel. (02 61) 97 07-0, www.diehls-hotel.de

ENTDECKEN & ERLEBEN:
Kaiser-Wilhelm-Denkmal ❶
Stattstrand am Stadtrand ❺ Universitätsstraße, 56072 Koblenz, Tel. (01 52) 05 41 31 11, www.statt-strand-koblenz.de
Schlosstreppe ⓫ **Basilika St. Kastor** ⓬
Seilbahn Koblenz ⓭ Tel. (02 61) 2 01 65 85-0, www.seilbahn-koblenz.de
Festung Ehrenbreitstein ⓮ 56077 Koblenz, Tel. (02 61) 66 75-0, www.tor-zum-welterbe.de

Winningen

- 25 Kilometer
- 270 Höhenmeter
- 2,5 Stunden
- Rundtour

Wir starten am **Gülser Sportplatz** und fahren auf einem Feldweg (das erste Stück kann nach Regen matschig sein) in Richtung **Winningen.** Danach breiten sich auf beiden Seiten Wiesen und Felder aus, aber bald begrüßen uns die ersten Weinberge in der Ebene. Wir folgen dem Feldweg und radeln nach einer Rechtskurve stetig bergauf (nur ein kurzes Stück mit kleinen Steinen und Schotter).

Vor uns tauchen auf der Höhe die ersten Gebäude des **Flugplatzes Koblenz/Winningen** ❶ auf. Hier ist die Hubschrauberstaffel der rheinland-pfälzischen Polizei stationiert, aber auch Segel- und Kleinflugzeuge nutzen ihn ausgiebig.

Unterhalb des Flugplatzgeländes kommen wir an

Im Land der Reben

Von Güls bis Kobern-Gondorf

eine Weggabelung. Falls wir einen Stopp auf der Terrasse des **Restaurants Delphi** ❷ einlegen und den Flugbetrieb beobachten wollen, radeln wir an dieser Stelle rechts zum Flugplatz; später geht es auf der gleichen Strecke wieder zur Gabelung zurück.

Unsere Hauptroute führt an diesem Punkt links weiter. Wir fahren ein kurzes Stück bergauf und genießen den traumhaften Panoramablick an der höchsten Stelle unserer heutigen Strecke, die nun durchgängig asphaltiert ist. Auf dem weiteren Weg mitten durch die Weinberge und hoch über der Mosel erwarten uns hinter jeder Kurve buchstäblich großartige Aussichten. Was für uns Erholung bedeutet, ist für die Winzer mit schwerer körperlicher Arbeit verbunden. Alle Tätigkeiten in den Steilhängen der Terrassenmosel sind wesentlich anstrengender als in ebenen Weinberglagen. In der flachen Pfalz und in den meisten Anbaugebieten südlicher Länder werden Schnellernter und andere Maschinen eingesetzt. Deshalb wäre für Moselwein eigentlich ein höherer Flaschenpreis gerechtfertigt.

Dann rollen wir bergab, lassen Beine und Seele baumeln und genießen immer noch einen traumhaften Weitblick über die links von uns steil abfallenden Hänge der Terrassenmosel. Es ist allgemein bekannt, dass diese Hänge und der Schieferboden dem weltbekannten Mosel-Riesling einen einzigartigen mineralischen Geschmack verleihen, der mit keiner anderen Weinlage vergleichbar ist. So ist auch der Ort, der jetzt

Erster Aussichtspunkt

Brunnen am Winninger Marktplatz

Für die Seele

Wir radeln hoch zu den Weinbergterrassen, genießen den Panoramablick von der Matthiaskapelle und probieren edlen Rebensaft in historischen Gemäuern.

vor uns liegt, ein bekannter Winzerort: Winningen. Jedes Jahr wird hier das älteste Weinfest der Welt gefeiert.

Im Tal angekommen, überqueren wir die Landstraße, fahren links bergab und biegen nach dem Ortseingangsschild **Winningen** rechts in die **Raiffeisenstraße** ab. An der Kreuzung Fähr-/Bachstraße wählen wir links die Bachstraße und radeln bergab bis zum Winninger **Marktplatz.** Hier gönnen wir uns zwischen rebenumrankten Winzerhöfen und alten Fachwerkhäusern am **Weinhex-Brunnen** ③ in einer der urigen Lokalitäten mit Außenbewirtung eine Pause.

Mancher alte Winzer im Ort versichert dem Gast augenzwinkernd, die Winninger Brunnenfigur sei

heute so passend oder so aktuell wie noch nie. Damit spielt er darauf an, dass in der Tat inzwischen viele junge „Weinhexen" die von ihren Familien seit Jahrzehnten geführten Winzerbetriebe übernommen haben.

Eine absolute Besonderheit sind die zwei jungen Frauen Rebecca und Janina mit ihrem **Weingut Materne & Schmitt** ④. Es liegt in der Friedrichstraße, einer Querstraße zur Marktstraße, die uns zunächst ortsauswärts führen wird, in der Nähe der Bahnstrecke und des Moselufers. Ursprünglich stammen die beiden Winzerinnen aus Hessen und dem Ruhrgebiet und haben „praktisch aus dem Nichts ein Weingut aus dem Boden gestampft". Weinkritiker lobten ihren ersten Riesling „Wunschkind", und inzwischen sind die beiden eine feste Größe in der Region.

Eine Abteilung im ***Wein- und Heimatmuseum*** *gewährt einen interessanten Einblick in Leben und Wirken des Autopioniers August Horch, des Gründers der Horch-Werke, später Audi-Werke. Er brachte es vom Schmiedelehrling zum berühmten Auto-Industriellen.*

Nach unserer Pause am Winninger Marktplatz folgen wir zunächst der **Marktstraße,** biegen bei der zweiten Möglichkeit links in die **Wilhelmstraße** ein und stoßen an deren Ende in der **Schulstraße** auf das **Wein- und Heimatmuseum** ⑤.

Von dort radeln wir entlang der **Schulstraße** und dann der **Zehnthofstraße** ortsauswärts, bewegen uns parallel zur Bahnlinie, fahren in einer Rechtskurve der Zehnthofstraße bergauf zum **Uhlenweg** und stoßen hier wieder auf den **Mosel-Radweg.** Wir biegen links ein und radeln weiterhin rechts neben der Bahnlinie durch die Weinberge Richtung **Kobern-Gondorf.** Links von uns liegt die Winninger Halbinsel Ziehfurth, mit ihrem

Campinggelände eine gute Adresse für radelnde Camper beziehungsweise für Wohnmobilfahrer und Skipper, die gern auf ihren Drahtesel umsteigen. Vor uns erhebt sich eine der höchsten Moselüberquerungen, die **Winninger Autobahnbrücke** ⑥. Beim Blick nach oben schieben sich die Container auf den Lastkraftwagen mit gleicher Geschwindigkeit über die Brücke – fast so, als wären sie mit unsichtbaren Bindfäden verbunden.

Am Ortseingang von **Kobern** fahren wir auf der Straße **Kalkofen** und an der Einmündung des Moselwegs weiter geradeaus in die **Marktstraße.** Auf dem historischen **Marktplatz** legen wir eine Pause ein und lassen das Diorama der liebevoll restaurierten historischen Fachwerkhäuser auf uns wirken.

Nach einer kurzen Pause schwingen wir uns wieder auf unsere Drahtesel, fahren auf der **Fährstraße** weiter, verlassen den Radweg und biegen rechts ab in die **Kastorbachstraße.** Leicht ansteigend radeln wir geradeaus über **Mühlengraben, Burgstraße** und biegen an dem

Materne & Schmitt

Eingang Alte Mühle Höreth

Hinweisschild mit dem **grünen Pfeil** rechts ab in das **Mühlental.** Kurz danach schmiegt sich links von uns die **Alte Mühle Höreth** 7 malerisch in die Landschaft.

Das Winzerehepaar Höreth hatte sich vor 30 Jahren in die völlig verfallene Immobilie verliebt und den Mühlenkomplex in mühsamer Arbeit saniert. Heute strahlt dieser Ort bereits beim Betreten des Innenhofs eine intensive Ruhe aus. Man speist hervorragend, und das jenseits aller Hektik – kein Ort für Busreisende und Schnellesser. Ganz nach dem Motto der Höreths: „Das Tor ist offen, aber der Alltag bleibt draußen.“

*Die **Alte Mühle Höreth** lockt Romantiker und Feinschmecker von nah und fern: gutes Essen, exzellente Moselweine, und all das in einem historischen Anwesen mit uraltem Innenhof und idyllischem Mühlengarten inmitten von blühendem Oleander!*

Auch wenn zunächst kein Radwegschild auf unser Ziel hinweist, fahren wir weiter durch das idyllische Seitental und biegen an dem Wegweiser **Matthiaskapelle** rechts ab in den langsam, aber stetig ansteigenden **Oberburgweg.** E-Bike-Fahrer sind hier klar im Vorteil …

Schließlich erreichen wir die idyllisch gelegene **Matthiaskapelle** 8. Sie thront in exponierter Lage auf dem höchsten von drei Hügeln über dem Moseltal.

Unter diesem Kleinod breiten sich zwei weitere kegelförmige Hügel aus, deren mehrstufige Terrassen mit unzähligen Weinstöcken bepflanzt sind. Wir blicken auf die Ruinen von Oberburg und Niederburg und erkennen die Stationen des alten Kreuzwegs, der sich zwischen den Hügeln nach oben schlängelt.

Nachdem wir den herrlichen Blick auf die Mosel, die beiden Burgen, den Kreuzweg und ins Hinterland auf das **Maifeld** genossen haben, rollen wir auf dem gleichen Weg bergab.

Auf der Rückfahrt in das Tal tauchen aus noch beeindruckender Perspektive wieder die Gebäude des Waldhotels Höreth auf. Wir erinnern uns an ähnliche Gebäude, die uns bei Urlaubsreisen durch Cornwall oder in die Normandie fasziniert haben, und denken, wie schön es auch in der Heimat ist. Warum also in die Ferne schweifen, um solche Augenblicke zu genießen?

*Der Baustil der spätromanischen **Matthiaskapelle** ist in Deutschland ungewöhnlich. Über dem sechseckigen Grundriss öffnet sich ein hoher, laternenartiger Mittelbau. Eine Führung ist empfehlenswert und nach Voranmeldung beim Tourist-Büro möglich.*

Landhotel „Höreth im Wald"

Blick ins Maifeld

Am Ende des Mühlentals biegen wir links ab in die **Burgstraße,** fahren weiter geradeaus auf der Straße **Mühlengraben.** Doch anders als auf dem Hinweg nehmen wir jetzt links die **Von-Isenburg-Straße** und radeln auf der **Lenningstraße** mit ihren alten Winzerhäusern weiter. Am Ortsausgang schwenken wir rechts auf die Straße **Im Spreen** und kommen nach einer lang gezogenen Rechtskurve wieder auf die vom Hinweg bekannte Strecke oberhalb der Bahnlinie. Wir biegen links ab und radeln zurück nach **Winningen.** Dort entscheiden wir uns diesmal kurz vor dem Ort für den halb links leicht ansteigenden **Uhlenweg,** bleiben geradeaus auf der **Marktstraße,** schwenken an deren Ende rechts in die **Bachstraße** und stehen wieder auf dem **Marktplatz.** Wir folgen weiter der Bachstraße und anschließend der Straße **Weinhof,** biegen links ab auf **Am Moselufer,** queren in einer Kurve die August-Horch-Straße (Achtung auf den Autoverkehr!) und fahren weiter auf der **Bahnhofstraße.**

Matthiaskapelle

Auf der linken Seite fällt uns ein ungewöhnliches Gebäude ins Auge. Zwischen einer neugotischen Kapelle und dem **Weingut Heymann-Löwenstein** 9 im Baustil einer alten Villa steht ein riesiger **Kubus.** Die Fassade ist nicht verputzt, sondern eine aus Edelstahlblechen gelaserte Kalligraphie mit der Ode an den Wein von Pablo Neruda. Der Edelstahl lässt die Fassade je nach Lichteinfall „lebendig werden", mit Eintritt der Dämmerung wird sie mit LED-Strahlern in unterschiedlichen Farben angeleuchtet. So präsentiert sich der Kubus auch bei Nacht in einem ständig wechselnden Erscheinungsbild.

Wir radeln weiter und biegen vor dem **Winninger Bahnhof** mit der **Fahrradstation** links ab. Nach einer leichten Steigung geht es oberhalb der Bahnlinie über den **Röttgenweg** immer geradeaus bis zur Straße **Fähr-**

Weingut Heymann-Löwenstein

Auf der Rückfahrt hinter Winningen

stück. Im Ort stoßen wir auf die **Gulisastraße.** Von hier biegen wir links in die **Karl-Mannheim-Straße** ab und erreichen bald den Sportplatz – beziehungsweise wir radeln auf der Gulisastraße geradeaus bis zum Bahnhof.

Es bietet sich an, den Tag in einem der familiengeführten Weingüter dieser Gegend ausklingen zu lassen und direkt beim Winzer den edlen Rebensaft zu verkosten, beispielsweise im mehrfach prämierten und sehr familiär geführten **Weingut Toni Müller** ⑩ am anderen Ortsende von Güls. Dorthin gelangen wir, indem wir bis zum Ende der Gulisastraße fahren, links auf die Straße **Am Mühlbach** abbiegen und leicht bergauf durch den Ort radeln, bis wir am Ortsende auf der rechten Seite das Weingut erreichen.

*In der gemütlichen Probierstube des seit 1611 inzwischen in der zwölften Generation geführten Familienbetriebs **Toni Müller** sollte man einige Schlückchen der prämierten Weine genießen. Müller gehört seit 2012 zu den 100 besten Winzern in Deutschland.*

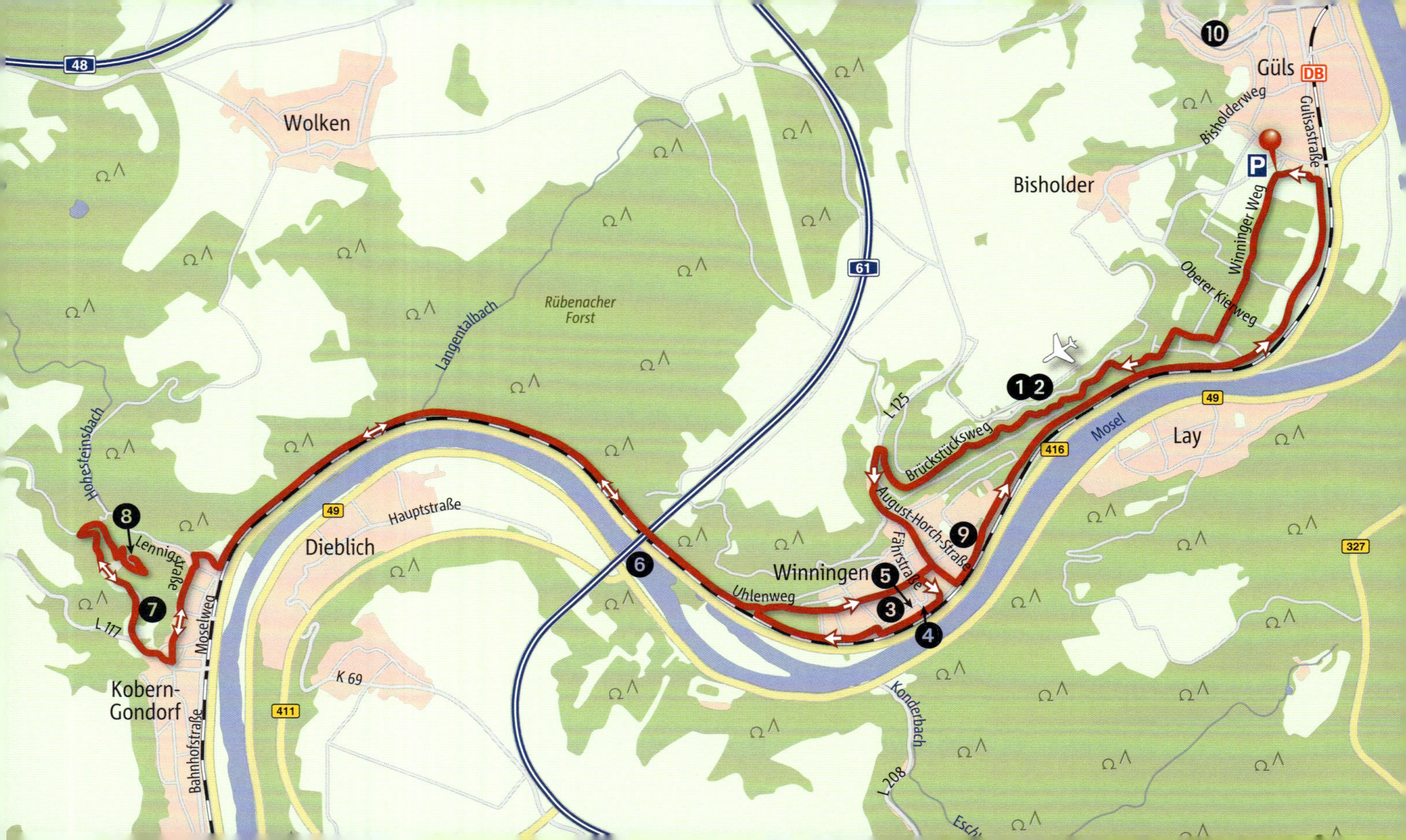
Güls
DB
Gulisastraße
Bisholderweg
P
Bisholder
Winninger Weg
Oberer Kiesweg
Lay
Mosel
49
416
327
Brückstücksweg
L 125
August-Horch-Straße
Fährstraße
Winningen
Uhlenweg
Konderbach
L 208
61
Rübenacher Forst
Langentalbach
Wolken
48
Dieblich
Hauptstraße
K 69
411
Hohesteinsbach
Lennigstraße
L 117
Moselweg
Kobern-Gondorf
Bahnhofstraße
1
2
3
4
5
6
7
8
9
10

Alles auf einen Blick

WIE & WANN:

Überwiegend asphaltierte Wirtschaftswege, außer in den Ortschaften autofrei; beste Zeit Frühjahr bis Herbst

HIN & WEG:

Auto: Parken am Gülser Sportplatz, Winninger Weg, 56072 Koblenz-Güls (GPS: 50.33494, 7.54668)
ÖPNV: RB 81 bis Koblenz-Güls; über Gulisastraße, rechts Karl-Mannheim-Straße, links Winninger Weg zum Ausgangspunkt

ESSEN & ENTSPANNEN:

Restaurant Delphi ❷ Flugplatzweg 1, 56333 Winningen, Tel. (0 26 06) 28 12, www.restaurant-delphi-winningen.de
Weingut Materne & Schmitt ❹ Friedrichstraße 1 b, 56333 Winningen, Tel. (01 57) 81 96 66 91 und (01 73) 5 85 16 36, www.materne-schmitt.de

Entspannung ✸✸✸✸✸

Genuss ✸✸✸✸✸

Romantik ✸✸✸✸✸

Alte Mühle Höreth ❼ Mühlental 17, 56330 Kobern-Gondorf, Tel. (0 26 07) 64 74, https://altemuehlehoereth.de
Weingut Heymann-Löwenstein ❾ Bahnhofstraße 10, 56333 Winningen, Tel. (0 26 06) 19 19, www.hl.wine
Weingut Toni Müller ❿ Am Mühlbach 96, 56072 Koblenz-Güls, Tel. (02 61) 40 88 08, www.weingut-toni-mueller.de

ENTDECKEN & ERLEBEN:

Flugplatz Koblenz/Winningen ❶ Flugplatzweg, 56333 Winningen, Tel. (0 26 06) 8 22, http://flugplatz-koblenz-winningen.de
Weinhex-Brunnen Winningen ❸
Wein- und Heimatmuseum ❺ mit August-Horch-Ausstellung, Schulstraße 5, 56333 Winningen, Tel. (0 26 06) 96 25 64, www.museum-winningen.de
Winninger Autobahnbrücke ❻ **Matthiaskapelle** ❽ **Kubus** ❾

Beilstein

- 40 Kilometer
- 70 Höhenmeter
- 3,5 Stunden
- Rundtour

Wir parken am Ortseingang von **Cochem** oder auf einem der großen Parkplätze am Moselufer. Der **Bahnhof** befindet sich ebenfalls in Flussnähe. So sind wir gleich am **Mosel-Radweg** und folgen dessen Hinweisschildern direkt neben der Bundesstraße bis **Ernst.** Wenn wir das **Moselland-Museum** 1 besuchen wollen, fahren wir vom Radweg über die **Herrenstraße** in den Ort und biegen dann links ab in die **Weingartenstraße.**

Unsere heutige Radtour lässt sich gut mit einer Schifffahrt auf der Mosel kombinieren, etwa einer Schleusenfahrt von Cochem bis Beilstein (Fahrradmitnahme ist möglich), einer Rundfahrt nach Treis-Karden oder einer Abendfahrt mit Essen und Musik.

Hinter Ernst radeln wir, flankiert von Brombeersträuchern und einigen Schrebergärten, mitten durch ein Wiesengelände. Die Mosel umrundet den Ort in einer 180-Grad-Schleife, danach fahren wir wieder neben der Bundesstraße. Der **Mosel-Radweg** ist an dieser Stelle jedoch breit ausgebaut und abwechselnd durch

Mosel-Dornröschen

Von Cochem nach Beilstein

einen grünen Streifen, Grasflächen oder Leitplanken von der Straße getrennt. Während die Weinberge rechts von uns steil ansteigen, breitet sich auf der gegenüberliegenden Flussseite eine weite Ebene aus, eingerahmt von der hier wieder stark mäandernden Mosel. Wir passieren die **Staustufe Fankel** und radeln am Moselufer auf dem Mosel-Radweg weiter durch **Ellenz.** Der Doppelort Ellenz-Poltersdorf liegt in einem Bereich mit einem besonders charakteristischen Flussverlauf, beide Ortsteile haben sich ihren historischen Charakter bewahrt. Wegen ihrer Form nennt man den etwa 24 Flusskilometer langen windungsreichen Abschnitt der Mosel zwischen Cochem und Bremm Moselkrampen oder Cochemer Krampen –

*Das **Moselland-Museum** bietet Einblicke in alte Techniken des Weinanbaus, die sich in den Jahrhunderten kaum verändert haben. Auf vier Etagen präsentieren sich dem Besucher zahlreiche Exponate aus den 1950er- und 1960er-Jahren und mehr als 20 historische Traktoren.*

Anlegestelle Fähre

auf der Landkarte sieht er wie ein Krampen, also eine Klammer aus. Die Bahnlinie entlang der Mosel kürzt diesen Abschnitt durch den 4205 Meter langen Kaiser-Wilhelm-Tunnel zwischen Cochem und Ediger-Eller ab. Er war bis 1988 Deutschlands längster Eisenbahntunnel durch ein natürliches Hindernis und besitzt seit 2017 zwei Tunnelröhren. Die Bahnstrecke ist daher etwa 15 Kilometer kürzer als die Straße an der Mosel entlang des Cochemer Krampens – was sehr schön zeigt, wie große Umwege der Fluss durch seine ständigen Schleifen macht.

Zwischen den Ortsteilen Ellenz und Poltersdorf befindet sich der Anleger der **Fähre von Ellenz-Poltersdorf nach Beilstein** ②, die von Ostern bis Ende Oktober verkehrt. An dieser schiffshistorisch bedeutsamen Stelle pendelte bereits 1129 die erste Moselfähre, eine sogenannte „Gierfähre“. Zwischen zwei Türmen auf beiden Moselufern war ein Drahtseil, auch Hochseil genannt, gespannt (die Fährtürme an dieser Stelle sind nicht mehr vorhanden, nur in Trittenheim lassen sich heute noch derartige Bauwerke bestaunen, siehe auch

Tour 14, S. 169). In der Mitte der Fähre wurde ein zweites Seil befestigt, das mit dem Hochseil verbunden war. Am Ende des Fährseils lief eine Rolle über das Hochseil. Die Fähre wurde in einem Winkel zum Strom gestellt, sodass die Strömung sie langsam in Richtung des anderen Ufers drückte. Nach dem Bau der Moselstaustufen war die Strömung des Flusses für solche Fähren zu schwach und die umweltschonenden „Übersetzer" wurden durch Motorfähren ersetzt. Wer mag, genießt das langsame Übersetzen nach Beilstein samt herrlichem Blick auf das schmucke Örtchen und kann die Tour damit um etwa 18 Kilometer abkürzen.

Für alle anderen, die weiterfahren, bietet sich in **Poltersdorf** eine Rast auf der Sonnenterrasse des seit

Für die Seele

Wir schippern über die Mosel, spazieren in engen Gassen, steigen über eine aus Filmen bekannte Treppe und genießen den Blick von der Terrasse des Burg-Cafés.

Terrasse Vergissmeinnicht

fünf Generationen familiengeführten **Hotel Restaurants Vergissmeinnicht** ❸ mit Blick auf die Mosel an. Rüdiger Konzen und sein Team sind sehr aufmerksame Gastgeber. Dieses Haus in Alleinlage an der Mosel eignet sich auch für den, der einen längeren Aufenthalt plant, bestens als Ausgangsort für die Erkundung der Region.

Entlang der Bundesstraße radeln wir durch die nächste Moselkehre und erreichen den Kreisel vor **Senhals.** Wir biegen links ab in die **Moselweinstraße** und fahren auf der **Fährstraße** weiter. Am Ortsende geht es nach einem kleinen Anstieg links über die Brücke, zur anderen Moselseite. Wir folgen der Straße und umrunden **Senheim.** Wenn wir das **Weinmuseum Schlagkamp** ❹ besuchen wollen, biegen wir nach der Brücke rechts ab in die **Zeller Straße.** Für die Weiterfahrt radeln wir nach dem Besuch weiter auf der **Zeller Straße,** die in

*Im **Weinmuseum Schlagkamp** erinnern in einem historischen Weinkeller, einem alten Kelterhaus und einem ehemaligen Festsaal mehr als 10.000 Exponate wie historische Winzer-, Küfer- und Weinbehandlungsgeräte an den Weinbau vergangener Tage.*

Weinmuseum Schlagkamp

die **Neustraße** übergeht. An deren Ende biegen wir links in die Hauptstraße **(Brunnenstraße)** ab und fahren an der zweiten Einmündung rechts in die Straße **Am Gestade,** über die wir wieder auf den Radweg Richtung Beilstein gelangen.

Beilstein

Wir radeln weiter entlang der Mosel bis **Mesenich.** Hier wird seit einigen Jahren wieder der Rote Weinbergpfirsich angebaut. Er war bei den alten Römern bereits als „Perserapfel“ bekannt, ist aber dann lange mehr oder weniger in Vergessenheit geraten. Jetzt haben einige Winzer eine Renaissance dieser alten Kulturpflanze eingeläutet: Sie setzten die Bäume in ehemalige Weinberglagen und verarbeiten die Früchte zu Pfirsichbrand, Likör und Marmelade. Unverarbeitet schmeckt der Pfirsich nicht, denn er hat eine harte Schale und einen herben Geschmack, aber der „Mosel-Kir“ (ein Schuss Pfirsichlikör in einem Glas Winzersekt) ist ein echter Genuss. Im Frühling stellt die Blüte der Weinbergpfirsichbäume eine besondere Attraktion dar: Sie erstrahlen in Pastellfarben von zartem Rosa bis zu sanftem Himmelblau. Dazu kommt der Duft, den sie verströmen.

Nach dem Ortsausgang Mesenich radeln wir am Ufer entlang der nächsten Moselkehre und passieren den Ort **Briedern,** eine sonnenverwöhnte Winzergemeinde, abseits der Hauptverkehrswege. Auf dem Seitenstreifen neben der Straße geht es durch eine weitere Flusskehre, und vor uns taucht **Beilstein** auf,

Café Klapperburg

das „Dornröschen der Mosel“. Der kleine Ort wurde bereits 1268 erstmals erwähnt, und tatsächlich wirkt hier manches so, als sei die Zeit stehen geblieben. Hinter den schönen Fachwerkbauten an der Moselfront schmiegen sich in dem enger werdenden Seitental weitere historische Gebäude aneinander. Der Klosterberg mit der Kirche der Karmeliter drückt dem historischen Ortsbild einen unverwechselbaren Stempel auf.

Wir stellen unsere Räder am Moselufer ab, denn den mittelalterlichen Stadtkern sollten wir auf Schusters Rappen erkunden. Vorbei an liebevoll restaurierten Fachwerkhäusern mit steilen, schiefergedeckten Satteldächern schlendern wir durch verwinkelte Gassen zu dem malerischen Marktplatz aus dem Jahr 1322. Im **Café Klapperburg** 5 werden nicht nur Kaffee und Kuchen angeboten, sondern wir sitzen mitten in einem **Kaffeemühlen-Museum.**

Wer höher hinaus und den Blick von oben über dieses idyllische Örtchen genießen will, steigt die 112 Stufen hoch zur spätbarocken **Karmeliterkirche St. Josef** 6 mit der aus dem 12. Jahrhundert stammenden Schwarzen Madonna, die wohl spanischen Ursprungs ist.

Das **Kloster-Café** 7 mit seiner behaglichen Atmosphäre wäre eine schöne Option für eine Rast. Wir aber folgen den örtlichen Hinweisschildern und wan-

*Im **Café Klapperburg** begeben wir uns bei Kaffee und Kuchen inmitten von etwa 500 Kaffeemühlen aus drei Jahrhunderten auf eine nostalgische Gedankenreise. Es gibt sogar eine winzige Kaffeemühle für die Spielzeugküche.*

dern weiter hoch zur **Burgruine Metternich** 8. Oben genießen wir den herrlichen Ausblick. Nach unserer Einkehr auf der Terrasse des **Burg-Cafés** gehen wir wieder bergab zu unseren Rädern. Wir werfen einen letzten Blick auf die „Schokoladenseite" von Beilstein und können nachvollziehen, dass dieser Ort mit nur etwa 150 Einwohnern als Kulisse für viele Filmproduktionen ausgewählt wurde und wird.

Nach dem Besuch beim „Dornröschen der Mosel" radeln wir über **Bruttig-Fankel** und **Valwig** zurück Richtung Cochem. Zunächst verläuft der Weg entlang der Landstraße 98, nach einigen Kilometern in sicherem Abstand von ihr. Vor uns erhebt sich, schon aus einiger Entfernung sichtbar, die majestätische Reichsburg Cochem (siehe Tour 3, S. 35).

Wir fahren auf die erste der beiden Cochemer Moselbrücken zu, biegen am Ende des Radwegs scharf rechts ab in die **Breite Straße,** dann links in die **Zehnthausstraße,** überqueren die Brücke und erreichen wieder unseren Startpunkt.

Blick auf Burg Cochem

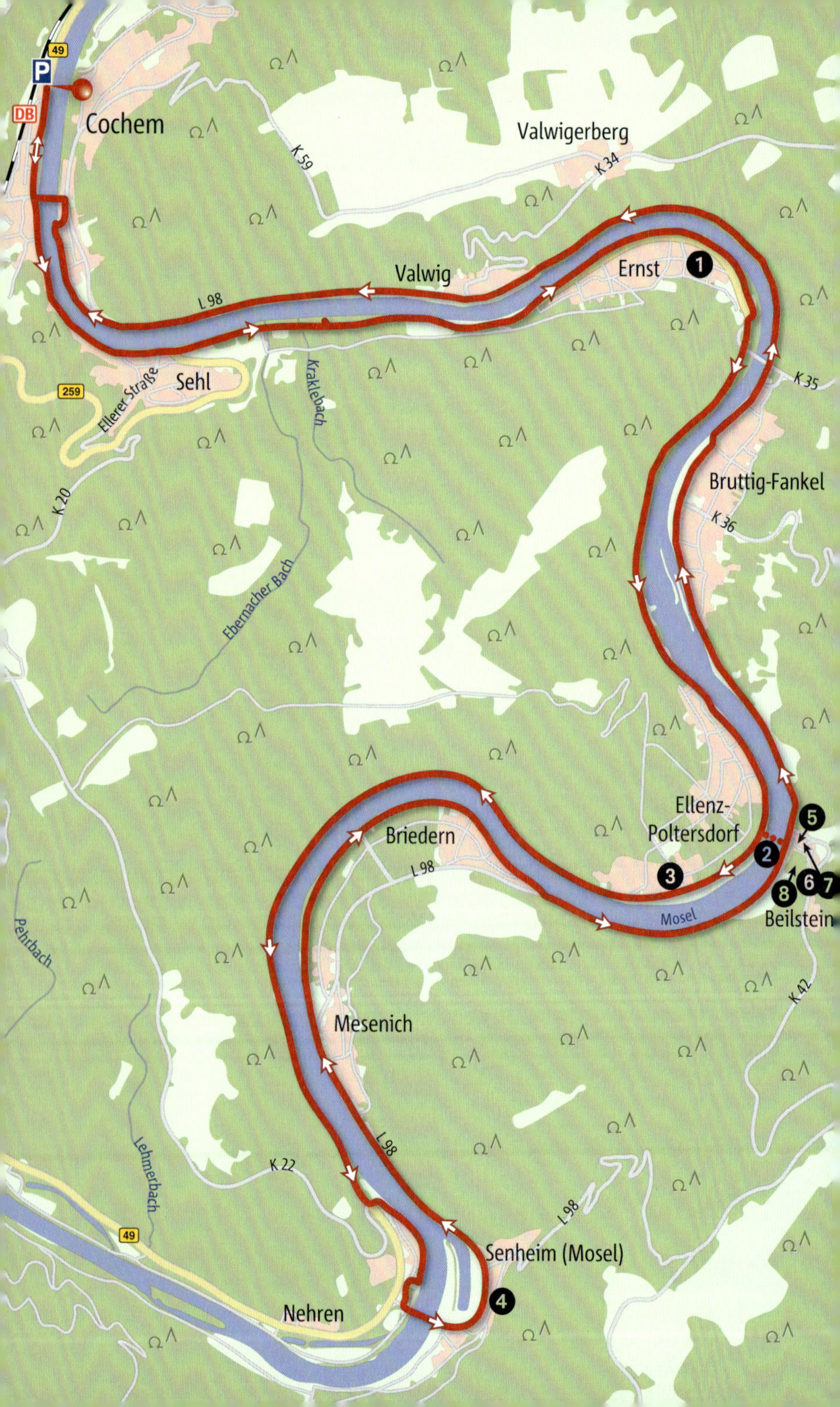

49
P
DB
Cochem
Valwigerberg
K 59
K 34
Valwig
Ernst
1
L 98
Sehl
259
Ellerer Straße
Kraklebach
K 35
Bruttig-Fankel
K 20
K 36
Ebernacher Bach
Ellenz-
Poltersdorf
5
2
3
6
7
8
Briedern
L 98
Mosel
Beilstein
Pehrbach
K 42
Mesenich
L 98
K 22
Lehmerbach
49
L 98
Senheim (Mosel)
4
Nehren

Alles auf einen Blick

WIE & WANN:
Asphaltierte Wege, Mosel-Radweg neben der Bundesstraße; beste Zeit Frühling bis Herbst

HIN & WEG:
Auto: Parkplätze am Moselufer in Cochem (GPS: 50.15354, 7.16854)
ÖPNV: RE 1, RE 11 oder RB 81 bis Cochem

ESSEN & ENTSPANNEN:
Hotel Restaurant Vergissmeinnicht ❸ Weinstraße 20, 56821 Poltersdorf, Tel. (0 26 73) 17 21, www.hotel-vergissmeinnicht.de
Café Klapperburg/Kaffeemühlen-Museum ❺ Bachstraße 33, 56814 Beilstein, Tel. (0 26 73) 14 17, www.klapperburg.de
Kloster-Café ❼ Klosterstraße 55, 56814 Beilstein, Tel. (0 26 73) 16 74, www.klostercafe-beilstein.de

Entspannung ✱✱✱✱✱
Genuss ✱✱✱✱✱
Romantik ✱✱✱✱✱

Burg-Café auf der Burgruine Metternich ❽ 56814 Beilstein, Tel. (0 26 73) 9 36 39, www.burg-metternich.de

ENTDECKEN & ERLEBEN:
Mosselland-Museum ❶ Landhaus Pollmanns, Weingartenstraße 91, 56814 Ernst, Tel. (0 26 71) 6 07 83 77, www.moselland-museum.de
Fähre von Ellenz-Poltersdorf nach Beilstein ❷ Tel. (0 26 73) 15 15
Weinmuseum Schlagkamp ❹ Zeller Straße 11, 56820 Senheim, Tel. (0 26 73) 43 81, www.schlagkamp-wein.de
Kaffeemühlen-Museum ❺ siehe Essen & Entspannen
Karmeliterkirche St. Josef ❻
Burgruine Metternich ❽ siehe Essen & Entspannen

Buddhamuseum

- 50 Kilometer
- 170 Höhenmeter
- 4 Stunden
- Rundtour

Wir stellen unser Auto auf einem der großen Parkplätze in Trarbach direkt an der Mosel in Höhe der Schiffsanlegestellen ab. (Tipp: Der – bei Anfahrt aus Richtung Zell – rechte Parkplatz direkt am Moselufer im Bereich der Brücke ist gebührenfrei.) Zunächst sollten wir uns etwas Zeit nehmen, eine der zahlreichen baulichen Kostbarkeiten dieser Stadt näher in Augenschein zu nehmen. Das sehenswerte **Brückentor von Bruno Möhring** ① bewacht den Zugang zur Moselbrücke (wer mit der Bahn angereist ist, fährt beim Überqueren der Mosel ohnehin hindurch), vereint Elemente des Jugendstils mit denen des wilhelminischen Historismus und ist nur einer von vielen Hinweisen auf den ehemaligen Reichtum dieses Moselor-

> *In den Weinkellern Traben-Trarbachs lagerte einst die unvorstellbare Menge von 60 Millionen Litern. In den riesigen Kellergewölben findet heute jährlich ein in dieser Form einmaliger „unterirdischer" Weihnachtsmarkt statt, der Besucher aus nah und fern anlockt.*

Kindheitsträume

Zum Kloster Machern

tes. Ebenso zeugen davon die zahlreichen herrschaftlichen Jugendstilvillen, die bekannte Architekten, unter ihnen ebenfalls Bruno Möhring, errichtet haben. Die Auftraggeber waren Winzer, die nach dem Bau der Mosel-Eisenbahnstrecke von Trier nach Koblenz durch den weltweiten Weinverkauf reich geworden waren (siehe auch Tour 4, S. 46).

Vom Brückentor nehmen wir den **Mosel-Radweg** flussaufwärts, überqueren einen Kreisel am Ortsausgang und fahren parallel zur Mosel. Auf der anderen Straßenseite präsentiert sich die imposante Front des **Buddha-Museums** ②.

Wir wollen das Museum bei der Rückkehr besuchen, aber zunächst folgen wir dem gut ausgeschil-

Das **Buddha-Museum** zeigt über 2000 Darstellungen des Religionsgründers aus verschiedenen Glaubensrichtungen und vielen Epochen, von winzigen Buddha-Figuren bis zu 2 Tonnen schweren Statuen. Einige der Exponate sind 1700 Jahre alt.

derten **Mosel-Radweg** am Fluss entlang. An der nächsten Moselbrücke radeln wir geradeaus weiter bis nach **Wolf.** Der Ort liegt idyllisch, eingerahmt von einer Moselschleife und abseits der Hauptstraße. Erst ab 1880 konnte er von den Nachbargemeinden über eine Fähre erreicht werden, seit 1962 ermöglicht eine Brücke die Zufahrt auf dem Landweg. Seine Insellage macht den besonderen Charme dieses Moseldörfchens aus. Es diente als Filmkulisse für die bekannte Fernsehserie „Heimat".

Wir radeln entlang der nächsten Flusskehre, fahren an einer weiteren Moselbrücke geradeaus durch Lösnich und folgen am Kreisel hinter dem Ort den Hinweisschildern **Mosel-Radweg** nach **Erden.** Hier bietet sich direkt am Radweg ein Besuch im idyllischen Garten des **Weinguts Hans Hermann Schwaab & Sohn** ❸ an, vor dem eine Radfahrerpuppe zur Einkehr einlädt.

Auf diesem Flussabschnitt und weiter südlich unterscheidet sich das Landschaftsbild deutlich von dem

Brückentor

Weingut Schwaab & Sohn

Für die Seele

Wir radeln durch urige Orte, die als Filmkulisse dienten, bewundern historische Villen und besuchen ein Kloster mit Traumgarantie für Klein und Groß.

der Terrassenmosel mit ihren kunstvoll angelegten steilen Lagen. Hier an der Mittelmosel reichen dagegen die Rebstöcke manchmal bis an das Ufer und ziehen sich leicht ansteigend bis zu den sanften Hügelkuppen hinauf.

Erneut mäandert die Mosel in einer Linksschleife dahin, und wir radeln nun auf ein Bauwerk der Superlative zu: die **Hochmoselbrücke** (4). An einer bestimmten Stelle des breiten asphaltierten Radwegs glaubt man, ein inmitten der Weinberge einzeln stehendes Haus stütze einen der Brückenpfeiler, aber dies ist natürlich eine optische Täuschung.

Hinter der nächsten Flusskehre liegt der Ort **Zeltingen-Rachtig.** Wir unterqueren eine Brücke und fahren

*Die **Hochmoselbrücke** ist Teil eines Fernstraßen-Großprojekts, welches die belgischen und niederländischen Nordseehäfen mit dem Rhein-Main-Gebiet verbindet. In einer Höhe von 160 Metern überspannt sie das Moseltal auf 1,7 Kilometern Länge.*

auf dem **Mosel-Radweg** bis **Bernkastel-Kues.** Hier stellen wir unsere Räder ab und schlendern kreuz und quer durch die engen Gassen, in denen die Zeit stehen geblieben zu sein scheint (siehe auch Tour 8, S. 95).

Nach unserem Stadtrundgang überqueren wir die Brücke zum Ortsteil **Kues** und folgen den Hinweisschildern mit dem **grünen Pfeil** Richtung **Traben-Trarbach** abseits der Straße immer am Fluss entlang.

Nach dem Ort **Wehlen** müssen wir in Höhe der **Schleuse Zeltingen** ein Stück auf der Straße fahren. Wir unterqueren die Brücke nach Zeltingen. Kurz danach tauchen auf der linken Seite die Gebäude von **Kloster Machern** 5 auf. Das ehemalige Zisterzienserinnenkloster aus dem 12. Jahrhundert liegt idyllisch inmitten der Weinberge. Wir sollten an diesem besonderen Ort unbedingt eine Rast einplanen, denn hier bietet sich so einiges, was Körper und Seele, Augen und Magen erfreut.

Kloster Machern

Wir überqueren die Straße und parken unsere Räder im Bereich des Eingangsportals. Zunächst spazieren wir durch den Kräuter- und Rosengarten und betrachten von dort die Gebäude, die den großen Innenhof einrahmen. Dann geht es ins Innere! In der **Spielzeugausstellung** bewundern wir die **Lego®-Ausstellung,** aber richtig ins Träumen bringt uns die „spielerische Welt" vergangener Zeiten mit Schwerpunkt in den Jahren 1860 bis 1930. In den Glasvitrinen des rund 600 Quadratmeter großen Museums sind Eisenbahnen, Autos, Motorräder, Busse und Flugzeuge, Puppen, Kaufmannsladen, Dampfmaschinen und viele andere beeindruckende Exponate ausgestellt. Museumsleiterin Alexa Fischer führt uns sehr engagiert durch eine Ausstellung, die wir in dieser Art hier nicht vermutet hätten. Nicht nur wir sind begeistert. Kinder und Jugendliche können sich über zahlreiche Angebote freuen, wie etwa über eine Spielecke und Rallyes.

Spielzeugmuseum

Ausstellung Ikonenmuseum

Die Museumsleiterin ist mit viel Herzblut bei der Sache und bringt es perfekt fertig, die Führungen und Veranstaltungen an den Bedürfnissen ihrer Besucher zu orientieren – egal ob es sich um Schulen, Vereine oder Familien handelt.

Die **Ikonenausstellung** zeigt nicht nur Ikonen, sondern auch liturgische Bücher, Schriftrollen, Tauf- und Segenskreuze der orthodoxen Christen aus Russland, Äthiopien und den Balkanländern bis zurück ins 17. Jahrhundert.

Anschließend haben wir die Qual der Wahl, ob wir uns im **Brauhaus** oder dem **Weinbistro, Café und Eiscafé** stärken. In der **Klosterdestille** können wir nicht nur Hochprozentiges zum Mitnehmen erwerben. Auch die Essigzubereitungen, Senfvariationen und Gewürze sind eine Versuchung für Leckermäuler. Alle Lokalitäten atmen eine spezielle Atmosphäre – ob der Grillkeller, der Klosterpark, die Vinothek oder die Zisterzienserstube mit Blick auf den Kräutergarten.

Wir würden gern länger im Kloster verweilen, aber wir wissen: Schon nach kurzer Fahrstrecke wartet auf uns das nächste Highlight.

Wir radeln links der Bundesstraße wieder unter der **Hochmoselbrücke** durch. Am Ortseingang von **Ürzig** überqueren wir noch vor dem Kreisel die Bundesstraße 53 und biegen in die erste Straße **Moselufer** ein. Sie führt nach einer Rechts- und Linkskurve weiter geradeaus bis zum **Weingut Mönchhof** ⑥ nur wenig abseits der Bundesstraße.

Dessen Existenz ist bereits für das Jahr 1177 nachweisbar, als Papst Alexander III. bestätigte, dass die Ürziger Weinberge Besitz der Zisterzienserabtei Himmerod seien. Damit gehört es zu den ältesten Weingütern an der Mosel. Auch der Bau des heute noch vorhandenen Gewölbekellers fällt bereits in diese Zeit. Das Gebäude stammt aus späteren Jahren, nämlich von 1509. Betriebsleiter Philippe Conzen hält auf Tradition und konzentriert sich ganz auf den Riesling. Mit großem Erfolg: Seine Weine haben inzwischen eine beachtliche Fangemeinde auch außerhalb Europas. Auszeichnungen und große Anerkennung durch Weinkritiker und bekannte Weinführer zeigen, dass die Produkte vom Mönchhof geradezu als Inbegriff des deutschen Rieslings von der Mosel bezeichnet werden können.

Aber nicht nur das. Der Mönchhof war Filmkulisse für 30 Folgen der beliebten Fernsehserie „Moselbrück“. Die Filme beschreiben das Leben einer Winzerfamilie. Ürzig, Beilstein, Wolf – man sieht, die Gegend ist bei Filmemachern beliebt. Was zweifellos eine Art Sogwirkung entfaltet, weil sich viele Fernsehzuschauer gerne Originaldrehorte anschauen.

In diesem historischen Ambiente sollten wir uns eine Stärkung gönnen, wobei wir generell beachten

Mönchhof Ürzig

müssen, dass Straußwirtschaften nur an den „amtlich vorgeschriebenen Öffnungszeiten" kleinere Gerichte anbieten. Eine Weinverkostung ist durchgängig möglich. Allerdings sollte man eine Weinprobe mit mehreren Personen vorher vereinbaren. Bei unserem Fototermin auf der Treppe des herrschaftlichen Anwesens übersetzte Philippe Conzen die steinerne Inschrift SALVE mit „Säufer aller Länder, vereinigt euch".

Wenn wir die Atmosphäre in diesem eindrucksvollen Ambiente genossen haben, radeln wir weiter durch die **Moselstraße** bis zum Ortsausgang und gelangen wieder auf den nahe gelegenen Radweg. Oder wir schlendern noch ein wenig durch den kleinen Ort. Wir hatten bei unserem kurzen Rundgang den Eindruck, dass hier noch mehr Winzer vor ihren Höfen Weine, Trester, Liköre, Öl und weitere Produkte der Region anbieten als in den anderen kleineren Moselorten. Die Ürziger Weinlagen – Ürziger Würzgarten, Erdener Treppchen und Erdener Prälat – genießen bei Kennern einen ausgezeichneten Ruf, denn hier wachsen größtenteils noch wurzelechte Reben.

Hinter Ürzig stoßen wir auf die Ausgrabungen einer **römischen Kelteranlage ⑦**, die aber zur Gemeinde Erden auf dem anderen Moselufer gehört.

Wir radeln weiter am Fluss entlang bis **Kinheim.** Am Ortseingang folgen wir dem **grünen Pfeil** und biegen links in die **Königstraße** ab, radeln auf der Weingartenstraße weiter durch den Ort und folgen dann dem **grünen Pfeil** halb rechts. Nun führt eine aussichtsreiche Strecke auf halber Höhe durch die Weinberge bis **Kröv,** wo seit 66 Jahren jährlich das Internationale Trachtentreffen stattfindet. Die Traditionsveranstaltung, an der zahlreiche Trachten- und Folkloregruppen aus verschiedenen Ländern teilnehmen, ist mit über 10.000 Besuchern eines der größten Weinfeste an der Mosel.

Weltweit bekannt ist der Ort auch durch den Wein „Kröver Nacktarsch". Ein Kröver Winzer soll seiner-

*Bei **wurzelechten Reben** stammen Wurzel und Reben von der gleichen Pflanze. Nur so prägen die Trauben den typischen Geschmack der Lage optimal aus. Wegen der besseren Resistenz gegen die Reblaus werden heute meist heimische Reben auf amerikanische Wurzelstöcke aufgepfropft.*

*Die **römische Kelteranlage** in **Erden** aus dem 4. Jahrhundert ist die größte und älteste derartige Anlage nördlich der Alpen. Zu besichtigen ist ein Kelterhaus mit Most-, Kelter-, Press- und Maischbecken. Die Baumkelter mit Spindelpresse wurde originalgetreu restauriert.*

zeit zwei Jungen erwischt haben, die sich in seinem Keller an seinem Wein labten. Zur Strafe habe er ihnen „den nackten Arsch versohlt“. Auf den Etiketten vieler Weine findet sich daher bis heute eine Abbildung, die dieses Geschehen bildlich darstellt.

Wir queren am Ortseingang Kröv die Straße **Am Sankt Peter,** radeln geradeaus auf der **Plenterstraße** durch den Ort, biegen an der **Karolingerstraße** rechts ab und fahren auf der **Moselweinstraße** wieder links bis zum Ortsausgang. Auf der linken Seite der Bundesstraße radeln wir weiter bis zur nächsten Brücke über die Mosel, über die wir auf das andere Ufer nach **Wolf** wechseln (Achtung! Hier keinesfalls geradeaus weiterradeln, denn der Streckenabschnitt hat keinen Seitenstreifen!).

Römische Kelteranlage

Romantik Jugendstilhotel Bellevue

Auf der anderen Seite folgen wird den Hinweisschildern des **Mosel-Radwegs** Richtung **Traben-Trarbach.**

Ein besonderes Haus der Gastlichkeit ist das **Romantik Jugendstilhotel Bellevue** ⑧ direkt am gegenüberliegenden Moselufer im Ortsteil Traben. Das imposante Gebäude in der Nähe der Brücke ist von Weitem zu erkennen. In den gemütlichen Gasträumen des Restaurants spürt man noch den Hauch vergangener Zeiten. Wir haben in diesem „ersten Haus am Platz" hervorragend gegessen. In den kleinen Gastzimmern (in denen die zahlreichen alten Uhren auffallen) sind auch Radfahrer willkommen, die nur eine Kleinigkeit essen oder etwas trinken möchten. Wer in Traben-Trarbach übernachtet, sollte sich in diesem tollen Ambiente ein Abendessen gönnen und einen Tisch an den Fenstern zur Moselfront reservieren.

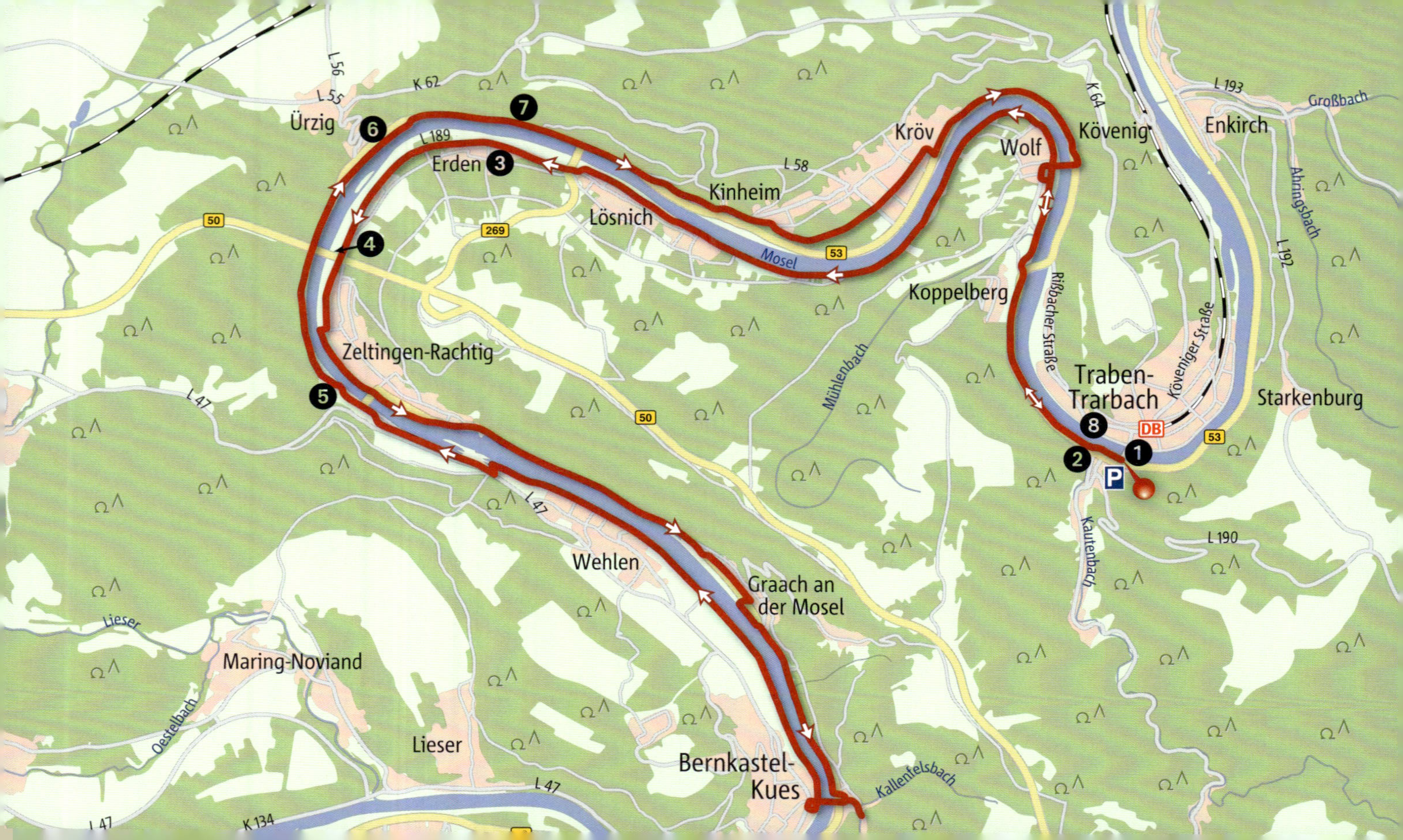
Ürzig
L 56
L 55
K 62
L 189
Erden
Lösnich
Kinheim
L 58
Kröv
Wolf
Kövenig
K 64
Enkirch
L 193
Großbach
Ahringsbach
L 192
Mosel
Koppelberg
Rißbacher Straße
Köveniger Straße
Traben-
Trarbach
DB
Starkenburg
Kautenbach
L 190
Mühlenbach
Zeltingen-Rachtig
L 47
Wehlen
Graach an
der Mosel
Bernkastel-
Kues
Kallenfelsbach
Lieser
Maring-Noviand
Oestelbach
K 134
50
53
269

Alles auf einen Blick

WIE & WANN:
Asphaltierte Wege, meist autofrei; beste Zeit Frühling bis Herbst

HIN & WEG:
Auto: Parkplätze an der Mosel im Bereich des Brückentors, 56841 Traben-Trarbach (teilweise gebührenpflichtig) (GPS 49.949539, 7.112435)
ÖPNV: RB 85 bis Traben-Trarbach; über Am Bahnhof, links in die Poststraße, über die Moselbrücke zum Ausgangspunkt

ESSEN & ENTSPANNEN:
Weingut Hans Hermann Schwaab & Sohn ❸ Am Moselufer 20, 54492 Erden, Tel. (0 65 32) 93 39 99, www.weingut-schwaab.de
Brauhaus, Weinbistro/Café und Klosterdestille Kloster Machern ❺ An der Zeltinger Brücke, 54470 Bernkastel-Kues, Tel. (0 65 32) 9 51 50 (Brauhaus), (0 65 32) 9 53 99 90 (Weinbistro/Café), (0 65 32) 5 02 29 40 (Destille), www.klostermachern.de

Entspannung ✱✱✱✱✱
Genuss ✱✱✱✱✱
Romantik ✱✱✱✱✱

Weingut Mönchhof ❻ Mönchhof, 54539 Ürzig, Tel. (0 65 32) 9 31 64, www.moenchhof.de
Romantik Jugendstilhotel Bellevue ❽ An der Mosel 11, 56841 Traben-Trarbach, Tel. (0 65 41) 7 03-0, www.bellevue-hotel.de

ENTDECKEN & ERLEBEN:
Brückentor von Bruno Möhring ❶
Buddha-Museum ❷ Bruno-Möhring-Platz 1, 56841 Traben-Trarbach, Tel. (0 65 41) 8 16 51 80, www.buddha-museum.de
Hochmoselbrücke ❹
Kloster Machern mit Spielzeug- und Ikonenausstellung ❺ An der Zeltinger Brücke, 54470 Bernkastel-Kues, Tel. (0 65 32) 95 16 40, www.klostermachern.de
Römische Kelteranlage ❼ an der B 53, 54492 Erden

Weinschiff-Nachbau

- 55 Kilometer
- 190 Höhenmeter
- 4 Stunden
- Rundtour

Wir starten zu unserer heutigen Tour rechts oder links neben der Brücke in **Alt-Piesport** vor der katholischen **Pfarrkirche St. Michael** oder am Alt-Piesporter Moselufer und folgen den Hinweisschildern mit dem **grünen Pfeil** entlang der Mosel Richtung **Trier.** Am Ortsausgang schauen wir uns die **römische Großkelteranlage** ❶ aus dem 4. Jahrhundert an, die jederzeit von außen besichtigt werden kann. Dann steigen wir wieder auf unsere Drahtesel und freuen uns über das genussvolle Dahingleiten abseits des Straßenlärms. Auf dem gut ausgebauten Radweg rollen wir völlig entspannt durch den kleinen Ort **Ferres** zwischen der Mosel und den Weinbergen. Wir unterqueren die Brücke nach Neumagen-Dhron, folgen dem Radweg leicht

Römerspuren

Von Piesport bis Mehring

bergauf und biegen vor der B 53 links ab. Mit großem Abstand radeln wir neben der Bundesstraße, lassen uns nicht von dem blauen Verkehrsschild **Radweg Ende** irritieren und fahren geradeaus weiter auf einem breiten asphaltieren Wirtschaftsweg. Kurz vor Trittenheim biegen wir an dem Hinweisschild mit dem **grünen Pfeil** links ab. Vor uns tauchen die beiden 1740 errichteten **Fährtürme** auf, die einzigen noch als Paar erhaltenen zwischen Perl und Koblenz. An diesen Bauwerken wurde das Seil der Fähren verankert und in ihnen wohnten auch die Fährmänner. Auf unserer Rückfahrt werden wir uns auf der anderen Seite etwas oberhalb der Mosel an den Schautafeln über das Fährturmpaar näher informieren.

Verwöhntour 14

In **Trittenheim** folgen wir dem Hinweisschild Richtung **Trier/Ortsmitte,** schwenken nach rechts, fahren in der Moselstraße leicht bergauf bis zur Hauptstraße **(Moselweinstraße),** in die wir links einbiegen. Nach wenigen Metern biegen wir erneut links ab in die **Brückenstraße,** rollen bergab und radeln über die **Trittenheimer Brücke** auf die gegenüberliegende Moselseite.

Am Ende der Brücke müssen wir in der Rechtskurve der Straße nach links und bereits nach wenigen Metern (langsam fahren!) noch vor der schmalen Landstraße scharf links auf den **Mosel-Radweg.** Er führt uns auf einer ehemaligen Bahnlinie oberhalb der Landstraße in Richtung **Leiwen:** Bis Mitte der 1960er-Jahre fuhr hier die Moseltalbahn, liebevoll auch das „Saufbähnchen" genannt, und verband Trier mit den Weinorten an der Mittelmosel. Wir genießen die Ausblicke von der erhöht verlaufenden Trasse, bis es vor **Leiwen** wieder leicht bergab geht. An dieser Stelle folgen wir den Schildern mit dem **grünen Pfeil,** überqueren einen Platz – mit Wassertretbecken zum Abkühlen der Radlerbeine – und die Landstraße. Dann folgen wir weiter dem grünen Pfeil und radeln am Moselufer bis **Köwerich.**

Garten in Köwerich

Am Ende des Radwegs fahren wir links durch eine Unterführung, wo wir unser Rad schieben sollten und die von Kindern bunt bemalten Treppenstufen bewundern können. Die Straße **Im Moselwinkel** bringt uns leicht bergauf zur Einmündung der **Beethovenstraße.** Wir folgen dem Hinweisschild mit dem **grünen Pfeil** nach rechts und radeln weiter durch den Ort. Gepflegte stattliche und urige Häuser mit großen Gärten säumen die Straße. Offensichtlich bauen viele Köwericher Kräuter, Obst und Ge-

Für die Seele

Wir radeln auf der ehemaligen Strecke des „Saufbähnchens", lernen ein original römisches Weinschiff kennen und kehren in der kleinsten Weinstube Deutschlands ein.

müse selbst an. Auch kreativ gestaltete Blumengärten fallen uns ins Auge. Einige von ihnen wollen wir uns bei der Rückfahrt genauer anschauen.

Aber zunächst fahren wir weiter auf der Beethovenstraße bis zum Ortsende und biegen nach einer Links- und Rechtskurve links auf einen breiten asphaltierten Weg leicht bergauf mitten durch die Weinberge. Auf halber Höhe folgen wir an der dritten Kreuzung dem Hinweisschild nach rechts und genießen den weiten Blick über das Moseltal (für mich ist diese Strecke eine der schönsten Touren!).

Dann rollen wir bergab bis in die Ebene, überqueren eine Straße (Leiwener Weg) und stoßen auf das **Sekt-Weingut Nikolaus Thul** ②, bei dem wir auf der Rück-

fahrt einkehren wollen. Das Traditionshaus befindet sich seit seinen Anfängen im Jahr 1635 im Besitz der Familie. Der Ausbau der Weine kombiniert altbewährte und moderne Methoden: Im historischen Schieferkeller lagern Eichenholzfässer, ebenso kommen aber auch Edelstahltanks zum Einsatz. Die ausgezeichneten natürlichen Bedingungen, die an der Mosel für den Weinbau herrschen, sind ein Garant für hervorragende Sektgrundweine, die ganz traditionell durch Flaschengärung zu Spitzensekt reifen.

An der Kreuzung vor dem Sekt-Weingut biegen wir rechts ab in die Straße **In der Olk.** Geradeaus weiter kommen wir auf **Im Bungert.** Wir sind nun mitten in **Thörnich,** überqueren die Hauptstraße, radeln geradeaus weiter auf der **Moselstraße,** folgen deren Linkskurve und überqueren die Maternusstraße. Von da an befinden wir uns wieder auf einem Radweg abseits der Straße parallel zur Mosel. In **Detzem** gönnen wir uns auf der Terrasse des **Cafés am Moselufer** ③ eine Pause. Ein uriger Wirt serviert kleine Imbisse und frisch gezapftes Bier oder auch leckeren Kuchen. Wir lassen die Beine baumeln und genießen den Blick auf den Fluss.

Als Nächstes passieren wir die **Schleuse Detzem,** mit 9 Metern Fallhöhe die höchste an der Mosel. Der idyllische Radweg verläuft weiter im Uferbereich, und nach der nächsten Flusskehre erreichen wir unseren Wendepunkt **Mehring.**

Hier lohnt ein Mini-Abstecher zur römischen **Villa Rustica** ④. Wir folgen dem Hinweisschild **Römervilla** direkt am Radweg, biegen links ab und radeln den **Wiesenflurweg** leicht bergauf. Hinter einer Rechtskurve orientieren wir uns links, radeln ein Stück weiter auf dem Wiesenflurweg, biegen rechts in die Straße **Im Hostert** und stoßen auf die Straße **In der Kirchheck.** Vor uns liegt die Villa Rustica.

Wer die alten Römer links liegen lassen will, bleibt nach der Rechtskurve des **Wiesenflurwegs** geradeaus und folgt ihm weiter bis zur Hauptstraße. Dann rollt er rechts bergab bis zum Moselufer, biegt vor der Brückenabfahrt rechts ab und folgt den Hinweisschildern des **Mosel-Radwegs.**

Wir fahren auf der gleichen Strecke zurück bis Trittenheim und genießen noch einmal aus anderer Perspektive einen der landschaftlich herrlichsten Streckenabschnitte.

Am Ortsrand von Mehring stand ein römisches Landhaus, eine ***Villa Rustica.*** *Sie wurde teilweise rekonstruiert und ist jederzeit frei zugänglich. Sonntags und auf Anfrage werden Führungen angeboten.*

Villa Rustica

Verwöhntour 14

Weinbahnhof Bukett

Nach einem Gläschen Winzersekt auf der Terrasse des Sekt-Weinguts Nikolaus Thul genießen wir bei der Fahrt durch die Weinberge noch einmal den herrlichen Rundumblick auf den Fluss und das endlose Rebenmeer. An der Kreuzung mit einem nach links weisenden grünen Pfeil rollen wir bergab Richtung Mosel nach **Köwerich** und biegen rechts ab in die schon bekannte **Beethovenstraße.**

Hier treffen wir Hiltrud Bläsius bei der Arbeit in ihrem Garten mit dem Holzschild **Das offene Gartentor.** Die begeisterte Hobbygärtnerin lädt uns spontan zu einem Rundgang durch den riesigen Naturgarten ein, und wir können uns kaum sattsehen.

Durch die Straße **Im Moselwinkel** radeln wir am Ende der Beethovenstraße wieder Richtung Mosel, unterqueren die Hauptstraße und fahren rechts parallel zur Mosel über den gut ausgebauten Radweg. Zwischen Köwerich und Leiwen erhebt sich auf der anderen Seite über den Weinbergen die bereits 1583 erbaute **Laurentiuskapelle.**

Am Ortsausgang von **Leiwen** achten wir auf das Hinweisschild mit dem **grünen Pfeil,** überqueren die Straße, fahren über einen großen Platz und folgen dem Weg auf der ehemaligen Bahntrasse in Richtung Trittenheim.

An dem bereits erwähnten **Fährturm** **5** erfahren wir an der Informationstafel mehr über das Trittenheimer Fährturmpaar.

Wir folgen weiterhin der einstigen Bahntrasse. Auf der Terrasse des Lokals **Bukett – Genuss im Weinbahnhof ⑥** – es ist im Gebäude des ehemaligen Bahnhofs von Trittenheim untergebracht – können wir bei einem edlen Tropfen den Blick auf die Mosel genießen. Bei der Weiterfahrt entdecken wir am Rand der Weinberge einige Schilder mit dem interessanten Angebot, einen Weinstock zu leasen. Jedes Jahr einige Flaschen Wein mit unserem Namen auf einem kreativ gestalteten Etikett, das wäre doch was, oder?

Vor Neumagen-Dhron zeigt uns die an einem Felsen montierte große **Sonnenuhr** an, „was die Stunde geschlagen hat". Unser nächstes Ziel **Neumagen-Dhron** war die Sommerresidenz des römischen Kaisers Konstantin und gilt als der älteste Weinort Deutschlands. Das Hinweisschild führt uns auf der **Römerstraße** mitten durch den Ort.

Viele Winzer bieten auf Holzgestellen vor ihren Häusern Flaschenweine zum Verkauf an, und in den

Bis in die 1920er-Jahre gab es an der Mosel 50 ***Hochseilfähren.*** *Die antriebslosen und damit umweltschonenden Fähren, die von der Strömung ans andere Ufer gedrückt wurden, prägten seinerzeit die Mosellandschaft (siehe auch Tour 12, S. 146).*

Römerstraße

Römerschiff

zahlreichen Probierstübchen kann man auch „auf der Durchreise" ein kleines Gläschen genießen. Der bekannteste Fund aus der Römerzeit ist ein **Grabmal,** das um 220 n. Chr. die letzte Ruhestätte eines **römischen Weinhändlers** zierte: Es stellt sechs Ruderer, einen Taktgeber und einen Steuermann auf einem **römischen Boot** ⑦ mit vier großen Weinfässern dar. In Neumagen-Dhron steht eine Nachbildung, das Original ist im Rheinischen Landesmuseum in Trier zu besichtigen.

*Das **römische Weinschiff Stella Noviomagi** ist ein Nachbau des Schiffs auf dem Grabstein von Neumagen-Dhron. In den Sommermonaten werden ab 2022 regelmäßig Ausflüge mit diesem besonderen Gefährt angeboten – ein unvergessliches Erlebnis (www.neumagener-weinschiff.de).*

Kurz dahinter lockt uns die **Kleinste Weinstube** ⑧ zu einer großen Rast.

Von der Römerstraße folgen wir dem Hinweisschild links in die Straße **Katharinenufer** Richtung Mosel. Auch wenn wir dort auf dem Radweg nach rechts abbiegen müssen, könnten wir noch einen kurzen Abstecher nach links über die **Moselstraße** machen und vielleicht eine Rast in der **Brasserie Käpt'n Cook** ⑨ am Yachthafen oder im **Hotel Restaurant Lekker** ⑩ einplanen.

Anschließend fahren wir wieder zurück auf den Mosel-Radweg, folgen dem Hinweisschild mit dem **grünen Pfeil** nach links, überqueren den Bach Dhron über eine kleine Brücke und folgen in einer Schleife den Hinweisschildern des **Mosel-Radwegs** Richtung **Pies-**

port (an dieser Stelle sollten wir besonders auf das Schild mit den Ortsnamen achten!). Der breite asphaltierte Radweg führt uns mitten durch die Weinberge bis nach Piesport.

Hier radeln wir zunächst geradeaus weiter durch die Straße **Zum Philippsgarten.** Hinter dem Friedhof biegen wir links auf einen Weg ab und rollen zum Moselufer hinunter, wo wir uns wieder rechts halten und direkt neben dem Fluss fahren.

Wenn wir einkehren oder einen Sundowner genießen wollen, radeln wir (noch) nicht über die Brücke zurück zu unserem Startpunkt, sondern fahren auf dem **Mosel-Radweg** etwa einen Kilometer geradeaus, vorbei an der idyllisch gelegenen **Allerheiligenkapelle** aus dem 11. Jahrhundert. Einige Meter weiter können wir uns im Garten des **Weinguts Karthäuserhof** ⑪ ein Plätzchen suchen (hier scheint die Sonne am längsten!) oder im idyllischen Garten des familiengeführten Betriebs beim **Weingut Lehnert-Veith** ⑫ einkehren. Nach einer Winzervesper radeln wir gestärkt auf dem Radweg einen Kilometer zurück und überqueren die Brücke nach **Alt-Piesport,** wo wir unser Auto geparkt haben.

Kleinste Weinstube

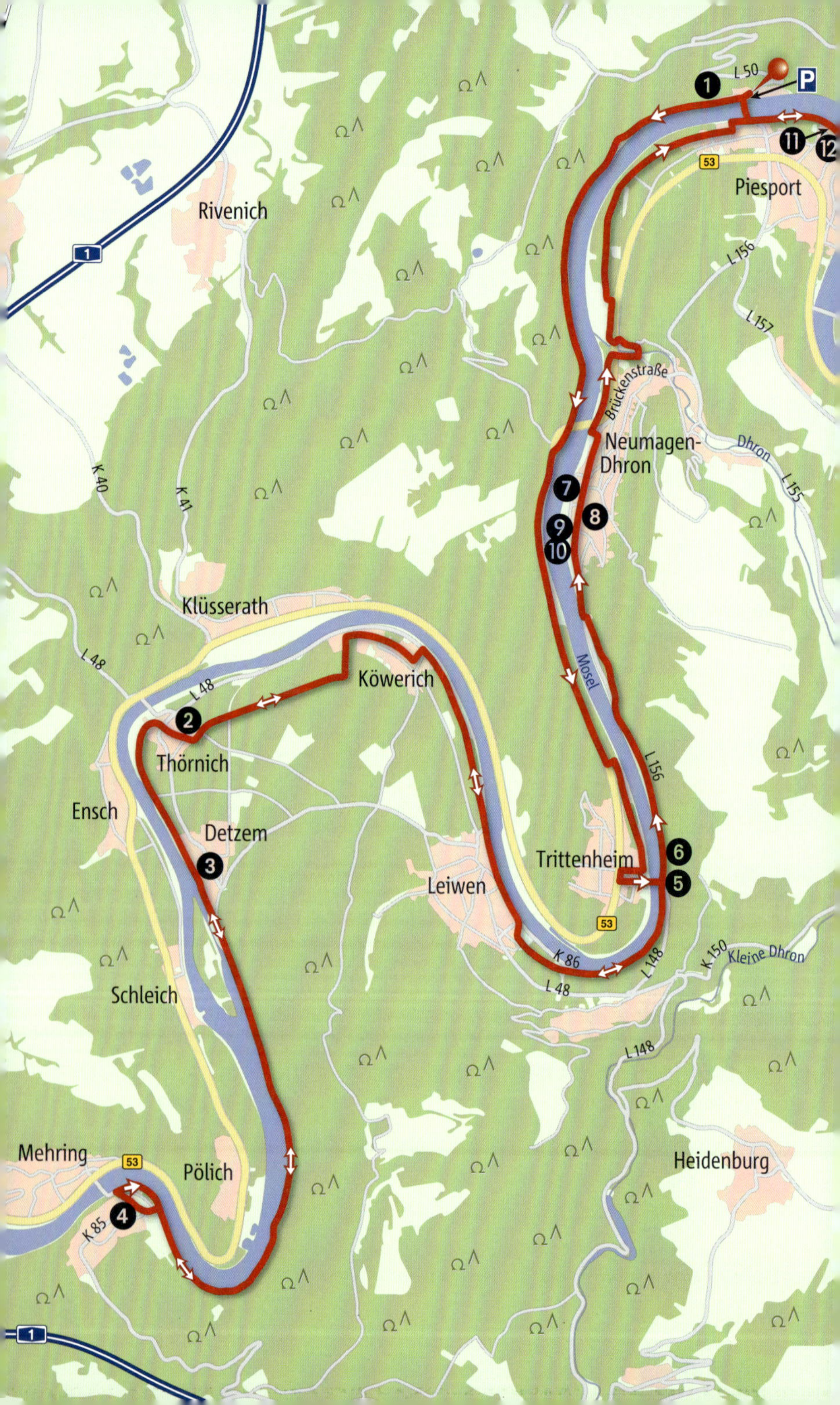

Rivenich
Piesport
Neumagen-
Dhron
Brückenstraße
Dhron
Mosel
Klüsserath
Köwerich
Thörnich
Ensch
Detzem
Trittenheim
Leiwen
Schleich
Kleine Dhron
Heidenburg
Mehring
Pölich
L 50
L 156
L 157
L 155
L 48
K 40
K 41
K 86
L 148
K 150
K 85
53
1
P

Alles auf einen Blick

WIE & WANN:
Ausschließlich asphaltierte Wege, meist autofrei; ganzjährig möglich, beste Zeit Frühling bis Herbst

HIN & WEG:
Auto: Parkplätze vor der Kirche in Alt-Piesport (GPS: 49.88612, 6.91676)
ÖPNV: Keine direkte Anbindung an die Strecke

ESSEN & ENTSPANNEN:
Sekt-Weingut Nikolaus Thul ❷ Vinothek am Ortsausgang auf dem Radweg, Hauptstraße 14, 54340 Thörnich/Mosel, Tel. (0 65 07) 47 05, www.erben-thul.de
Café am Moselufer ❸ Am Moselufer 7, 54340 Detzem, Tel. (0 65 07) 80 20 80
Bukett – Genuss im Weinbahnhof ❻ Alter Bahnhof, 54349 Trittenheim, Tel. (01 70) 4 14 29 58, www.weinbahnhof-bukett.de
Kleinste Weinstube ❽ Römerstraße 103, 54347 Neumagen-Dhron, Tel. (01 73) 9 56 30 03

Entspannung ✱✱✱✱✱
Genuss ✱✱✱✱
Romantik ✱✱✱✱

Brasserie Käpt'n Cook ❾ Moselstraße 21, 54347 Neumagen-Dhron, Tel. (0 65 07) 70 20 82, www.brasserie-kaeptn-cook-neumagen.de
Hotel Restaurant Lekker ❿ Grafenweg 1 (und Moselufer), 54347 Neumagen-Dhron, Tel. (0 65 07) 93 97 71, www.hotel-lekker.de
Weingut Karthäuserhof ⓫ Karthäuserplatz 8 (und Garten direkt am Mosel-Radweg), 54498 Piesport, Tel. (0 65 07) 54 49, www.karthaeuserhof.de
Weingut Lehnert-Veith ⓬ In der Dur 10 (und Garten direkt am Mosel-Radweg), 54498 Piesport, Tel. (0 65 07) 21 23, www.lehnert-veith.de

ENTDECKEN & ERLEBEN:
Römische Großkelteranlage zwischen Alt-Piesport und Ferres ❶
Villa Rustica ❹ In der Kirchheck 20, 54346 Mehring, Tel. (0 65 02) 14 13
Fährturm Trittenheim ❺
Nachbildung eines römischen Bootes ❼

Kaisertherme

- 23 Kilometer
- 50 Höhenmeter
- 3 Stunden
- Strecke

Wenn wir mit der **Bahn anreisen,** radeln wir rechts in die **Bahnhofstraße,** folgen ihr durch eine Linkskurve und biegen an dem **Kreisel an der Straße Langfuhr** rechts ab auf einen kleinen Weg. Hier stoßen wir auf den sogenannten **Ermesgraben,** einen Wall mit einem Fußpfad entlang eines kleinen Bächleins, der uns bis zur Mosel begleiten wird. An dieser Stelle orientieren wir uns links. Den **Kreisel an der Schweicher Straße** passieren wir geradeaus, radeln immer weiter entlang des kleinen Baches bis hinunter zum Moselufer. Hier können wir entweder direkt rechts abbiegen und auf dem Radweg Richtung Trier fahren oder – wenn wir den **Fährturm** ❶ am Yachthafen näher betrachten oder im dortigen **Restaurant** einkehren wollen – links ein kurzes Stück bis

Älteste Stadt

Von Schweich bis Trier

zum Ende des Yachthafens radeln.

Als **Autofahrer** stellen wir unseren Wagen auf einem der zahlreichen Parkplätze zwischen der Moselbrücke und dem 1875 erbauten Fährturm ab und heben unsere Drahtesel von den Fahrradträgern.

Der Fährturm, das Wahrzeichen der Stadt Schweich, ist ein Kulturdenkmal. Der dreigeschossige Zeltdachbau mit fünfeckigem Grundriss ist – abgesehen von den beiden Fährtürmen in Trittenheim – der einzige „Überlebende“ aus einer Zeit, als eine große Zahl von sogenannten Hochseilfähren (siehe auch Tour 12, S. 146) noch der wichtigste Verkehrsträger war, um von einem Ufer der Mosel zum anderen zu kommen.

Auf der Strecke von Schweich bis Trier folgen wir dem **stilisierten M** auf dem eigentlich gut ausgeschilderten **Mosel-Radweg.** Dennoch könnte sich die Wegfindung auf dieser Tour – besonders zwischen Quint und Pfalzel – etwas schwierig gestalten. Der Radweg führt kreuz und quer durch die Landschaft und schlängelt sich zwischen den beiden Stadtteilen unter der Autobahnbrücke hindurch. Daher müssen wir heute besonders aufmerksam auf die Beschilderung achten.

Vom Fährturm aus umrundet unser Weg den **Schweicher Yachthafen** in einer kleinen Schleife. Dann fahren wir auf dem **Mosel-Radweg** direkt neben dem Fluss. Nachdem rechts von uns die ersten Häuser von **Quint** aufgetaucht sind, folgen wir dem asphaltierten Weg durch eine scharfe Rechtskurve. In mehreren weiteren Kurven entfernt sich der Radweg vom Flusslauf und führt uns am Rand eines Wohngebiets vorbei. Hier beginnt der erste Streckenabschnitt, auf dem wir genau auf die Beschilderung achten sollten. Wir überqueren eine Hauptstraße, beschreiben eine

Links- und Rechtskurve und radeln geradeaus in der **Dammstraße** weiter. Gleich nachdem wir die **Kyll** überquert haben, biegen wir links ab. Der neben uns plätschernde Fluss begleitet uns durch den dichten Wald auf seinem Weg in die Mosel. An der Stelle, wo der Flusslauf sich von uns entfernt, folgen wir dem Weg leicht bergauf (schlüpfriger Untergrund!), unterqueren in einer 180-Grad-Kurve eine Brücke und folgen den Hinweisschildern Richtung Trier. Nun umrunden wir ein Industriegebiet und stoßen auf die **Schiffstraße**, auf die wir links einbiegen und Richtung **Trierer Hafen** fahren. Hier biegen wir rechts ab in **Am Moselkai** und folgen in einer Rechtskurve ein kurzes Stück der **Hafenstraße,** passieren die Montanstraße (nicht in diese Straße einfahren, Sackgasse!), biegen kurz danach

Für die Seele

Wir starten an einem Fährturm, radeln abseits des Straßenlärms, wandeln auf den Spuren der Römer und genießen den Sundowner unter alten Laubengängen.

links in den parallel verlaufenden (namenlosen) Weg ab und radeln bis zur **Karolingerstraße.** Hier schwenken wir nach links und radeln am Ende der Straße rechts in den **Mittelweg.** An der nächsten Kreuzung führt unser Weg links in die **Hans-Adamy-Straße.** Bald sehen wir wieder die Mosel vor uns. Am Ende der Straße fahren wir rechts auf **An der Bastion** weiter und sind endlich wieder am Flussufer. Die Beschreibung der Streckenführung mag kompliziert klingen, aber wenn wir auf die Hinweisschilder achten, dürfte das Radeln auch auf diesem Abschnitt kein Problem darstellen. Sollte doch mal was schiefgehen – im Zweifelsfall immer Richtung Mosel orientieren!

Im Schatten der mächtigen Mauern der **Bastion** in

Pfalzel ② legen wir eine kurze Pause ein und radeln anschließend weiter auf der Straße **Spielesplatz.**

Hier biegen wir links ab und genießen die Fahrt abseits der Straße immer geradeaus entlang des Flussufers. Wir radeln unter einer Eisenbahnbrücke durch und überqueren später nach einer leichten Rechts- und Linkskurve den **Biewerbach.** Der Weg entfernt sich vorübergehend etwas von der Mosel, und wir fahren entlang der Bahngleise weiter Richtung Trier. Vor uns sehen wir bereits die Trierer Brücke, die wir zunächst unterqueren, um kurz danach auf der **Kölner Straße** den Hinweisschildern ins **Stadtzentrum** zu folgen. Hier überqueren wir insgesamt vier Straßenzüge (auf Ampeln achten!), strampeln auf der **Bitburger Straße** leicht bergauf und gelangen über die **Kaiser-Wilhelm-Brücke** zur anderen Moselseite. Dort müssen wir geradeaus wiederum mehrere Straßenzüge an Ampeln überqueren und fahren in die **Merianstraße.** An der **Friedrich-Ebert-Allee** biegen wir links ab und radeln durch einen kleinen Park bis zur **Porta Nigra** ③, dem weltweit bekannten Wahrzeichen der Stadt. Das monumental anmutende Gebäude aus römischer Zeit erhielt seinen Namen –

*Der erzbischöfliche Teil von **Pfalzel** wurde im 16. Jahrhundert zerstört. 1961 wurde die Wallmauer (Erdwall zwischen zwei Mauern) mit aus der Mauerflucht heraustretenden **Bastionen** instand gesetzt. Im Grabenbereich entlang der Wallmauer befinden sich Gärten und ein Friedhof.*

Bastion in Pfalzel

in deutscher Übersetzung „Schwarzes Tor“ – im Mittelalter. Die schwarze Farbe ist auf Umwelteinflüsse zurückzuführen – Umweltverschmutzung ist demnach offenbar kein Phänomen der Neuzeit.

Um die Stadt zu erkunden, stellen wir unsere Räder in der Nähe der **Tourist-Info** ab, denn das Radeln in der Fußgängerzone ist weder erwünscht noch sinnvoll. Nachdem wir uns im Touristenbüro einen Stadtplan besorgt haben, bummeln wir je nach Interessenlage durch die Innenstadt, denn in Trier gibt es mehr zu sehen, als wir an einem einzigen Tag besichtigen können. Bei so vielen sehenswerten Baudenkmälern und Museen fällt die Auswahl schwer.

Die Stadt wurde bereits im Jahr 16. n. Chr. als Augusta Treverorum („Stadt des Augustus im Land der Treverer“) von den Römern gegründet, sodass wir heute in dieser ältesten Stadt Deutschlands auf engem Raum über 2000 Jahre Geschichte bewundern können.

Trier war zeitweise eine der Residenzstädte des römischen Reiches und wurde auch als „zweites Rom“

*Die **Porta Nigra** ist das am besten erhaltene römische Stadttor nördlich der Alpen und wurde um das Jahr 180 aus etwa 7200 wuchtigen Sandsteinblöcken errichtet. Sie war Teil eines 6,4 Kilometer langen Schutzwalls.*

bezeichnet. Noch viele weitere Baudenkmäler außer der Porta Nigra sowie mannigfaltige archäologische Funde zeugen davon. Bei einem Stadtrundgang orientieren wir uns an den gut platzierten Hinweisschildern zu den bekanntesten Sehenswürdigkeiten, denen wir in der Trierer Altstadt auf Schritt und Tritt begegnen. Einige von ihnen sind seit 1986 UNESCO-Weltkulturerbe.

Wir schlendern zunächst durch die **Simeonstraße** (Fußgängerzone) bis zum **Hauptmarkt,** der „guten Stube der Stadt". Der um das Jahr 1000 errichtete Platz ist einer der schönsten Innenstadtplätze in Deutschland. Besonders sehenswert sind das **alte Rathaus** aus dem Jahr 1483 und das **Rote Haus.** Von hier gehen wir zu den Kirchen hinter den Häusern des Hauptmarkts. Der Trierer **Dom St. Petrus** **4**, die älteste Bischofskirche Deutschlands, ragt mitten im Stadtzentrum auf. Im frühen 4. Jahrhundert stand hier schon eine der größten christlichen Kirchenanlagen der Antike. Unter dem heutigen Bau können noch Reste der ersten frühchristlichen Versammlungsstätte nördlich der Alpen aus dem späten 3. Jahrhundert sowie der ersten Basilika besichtigt werden.

*Der **Trierer Dom St. Petrus** zeigt mit seinen drei Krypten, dem Kreuzgang und der Domschatzkammer Architektur aus einer Zeitspanne von über 1750 Jahren. Eine berühmte Reliquie wird hier aufbewahrt: die Tunika Jesu Christi, bekannt als der Heilige Rock.*

Hauptmarkt in Trier

Unmittelbar neben dem Dom steht die früheste und vielleicht schönste gotische Kirche in Deutschland, die im 13. Jahrhundert erbaute **Liebfrauenkirche ⑤**. Auch sie ruht teilweise auf Fundamenten einer Vorgängerkirche. Sie ist als Zentralbau angelegt, ihr Grundriss entspricht der Form der „griechischen Rose". Dass sie über einen Kreuzgang und einen Durchgang mit dem Dom verbunden ist, zeugt von der engen Beziehung der beiden Gotteshäuser.

Direkt gegenüber liegt die nette **Weinstube Kesselstatt ⑥.**

Wir spazieren weiter zur imposanten **Konstantinbasilika ⑦** mit dem größten Einzelraum, der aus der Antike erhalten geblieben ist. Sie war einst die Audienzhalle der römischen Kaiser – ihr Name weist auf Kaiser Konstantin hin, zu dessen Zeit sie erbaut wurde. Die Römer wollten durch monumentale Architektur die Macht des Kaisers dokumentieren. Entsprechend wurde die beeindruckende Raumtiefe durch optische Raffinessen unterstrichen. Zu Kaisers Zeiten war das Gebäude mit Marmor, Mosaiken und Statuen geschmückt, der Marmorfußboden war beheizbar.

In der Nähe befindet sich das im Rokokostil erbaute **Kurfürstliche Palais** 8 mit dem angrenzenden **Palastgarten.**

An den Garten schließen sich stadtauswärts die **Kaiserthermen** 9 an. Es handelt sich um die jüngste der drei römischen Badeanlagen Triers, die Anfang des 4. Jahrhunderts zu den größten Badeanlagen des römischen Reichs zählte. Von den sechs Kesselräumen, in denen das Wasser aufgeheizt wurde, sind noch vier sichtbar. Eine Besichtigung führt uns auch ins Kellergeschoss der Thermen, sodass wir sozusagen den Maschinenraum der Badeanstalt inspizieren können.

Über die Kaiserstraße erreichen wir die **Römerbrücke** 10 und spazieren über den Fluss. Es handelt sich um den ältesten römischen Brückenbau nördlich der Alpen, und dank des Könnens der Konstrukteure fließt heute der Straßenverkehr darüber. Das Bauwerk entstand gleichzeitig mit der Gründung der Stadt im

Kaiserthermen

Jahr 16. n. Chr., von den sieben Pfeilern stammen immerhin noch fünf aus der Römerzeit. Anschließend schlendern wir zurück in die Altstadt, über die Karl-Marx-Straße und die anschließende **Brückenstraße.** Dort erinnert das **Museum** der Friedrich-Ebert-Stiftung an den in diesem Haus 1818 geborenen **Karl Marx ⑪.**

Nach unserem Rundgang sollten wir in einem der zahlreichen Restaurationsbetriebe am **Hauptmarkt** oder **Kornmarkt,** wie dem **Bitburger Wirtshaus ⑫,** unsere Eindrücke Revue passieren lassen. Aber an keiner Stelle kann man den Tag bei einem Sundowner so entspannt ausklingen lassen wie auf einer Terrasse der zahlreichen Restaurants an der Uferpromenade, denn das **Moselufer Zurlauben ⑬** ist mehr als Kult.

Anschließend nehmen wir den Zug zurück nach Schweich. Der Hauptbahnhof ist über die Lindenstraße, Nordallee und Theodor-Heuss-Allee gut zu erreichen. Vielleicht die schönste Lösung wäre es aber, in Trier zu übernachten, denn das würde ein *open end* am Moselufer Zurlauben ermöglichen.

In den ehemaligen Wohnhäusern und Gartenlauben eines Fischerdorfs aus dem 17. Jahrhundert – von den überdachten Laubengängen stammt der Name ***Zurlauben*** *– haben sich zahlreiche Restaurants am Moselufer angesiedelt.*

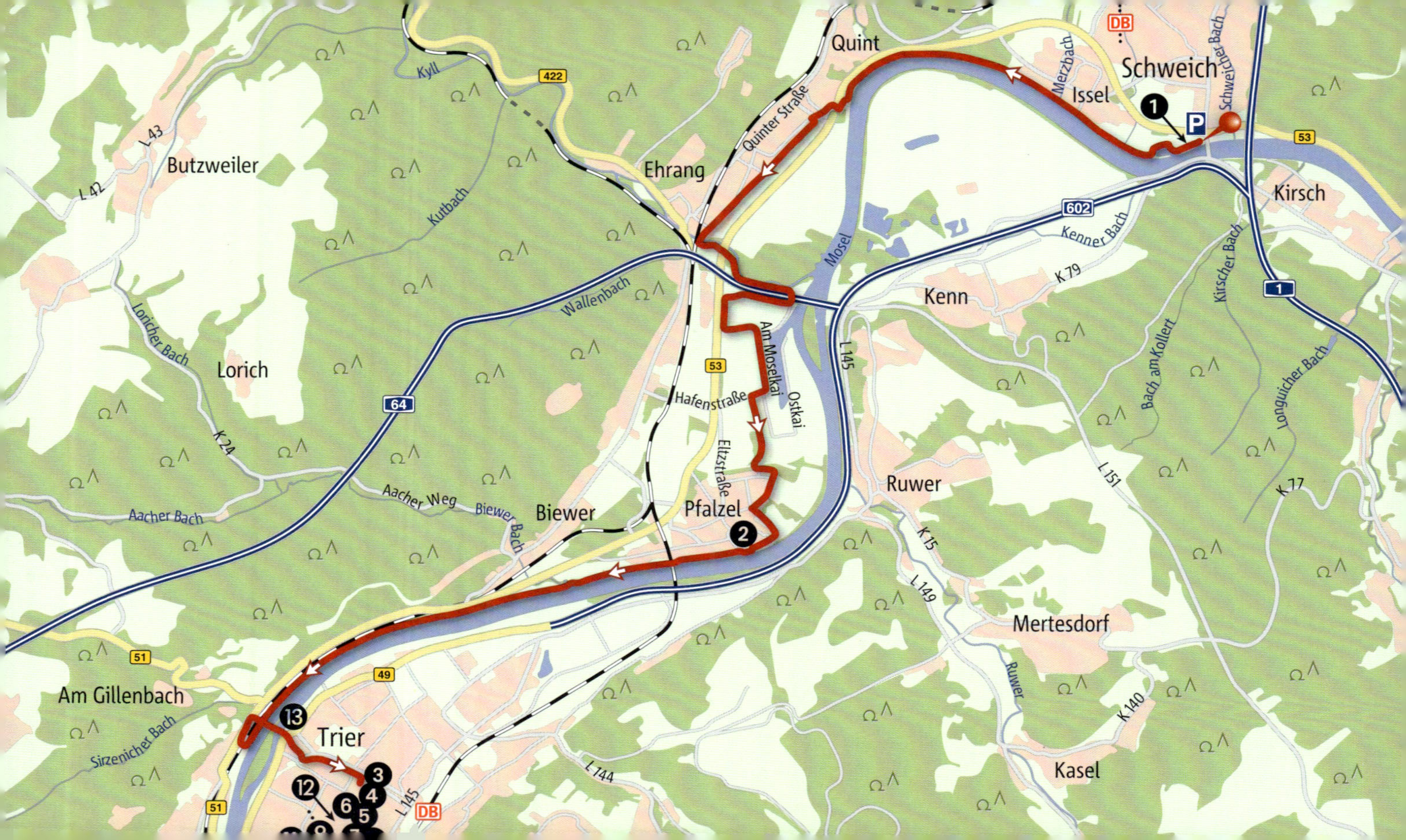
Schweich
Issel
Quint
Ehrang
Kirsch
Kenn
Ruwer
Mertesdorf
Kasel
Pfalzel
Biewer
Trier
Butzweiler
Lorich
Am Gillenbach
Mosel
Kyll
Kutbach
Wallenbach
Loricher Bach
Aacher Bach
Aacher Weg
Biewer Bach
Sirzenicher Bach
Merzbach
Schweicher Bach
Kirscher Bach
Kenner Bach
Bach am Kollert
Longuicher Bach
Ruwer
Quinter Straße
Hafenstraße
Eltzstraße
Am Moselkai
Ostkai
DB
P
1
2
3
4
5
6
12
13
1
602
64
53
422
51
49
L 42
L 43
K 24
K 79
L 145
L 151
K 77
K 15
L 149
K 140
L 744

Alles auf einen Blick

WIE & WANN:
Meist asphaltierte Wege; beste Zeit Frühling bis Herbst

HIN & WEG:
Auto: Parkplatz zwischen Moselbrücke und Fährturm, Am Yachthafen, 54338 Schweich (GPS: 49.81492, 6.75166)
ÖPNV: RE 1, RE 11, RB 81 bis Bahnhof Schweich
Rückkehr zum Ausgangspunkt: Ab Trier RE 1, RE 11, RB 81 bis Schweich

ESSEN & ENTSPANNEN:
www.kreusch.de
Weinstube Kesselstatt ❻ Liebfrauenstraße 10, 54290 Trier,
Tel. (06 51) 4 11 78, www.weinstube-kesselstatt.de
Bitburger Wirtshaus ⓬ Kornmarkt 1–3, 54290 Trier,
Tel. (06 51) 4 36 18 80, www.wirtshaus-trier.de

Entspannung ✱✱✱✱✱
Genuss ✱✱✱✱✱
Romantik ✱✱✱✱✱

ENTDECKEN & ERLEBEN:
Fährturm Schweich ❶
Bastion Pfalzel ❷
Porta Nigra ❸
Dom St. Petrus ❹
Liebfrauenkirche ❺
Konstantinbasilika ❼
Kurfürstliches Palais mit **Palastgarten** ❽ Willy-Brandt-Platz 3, 54290 Trier
Kaiserthermen ❾ Kaiserstraße, 54290 Trier,
Tel. (06 51) 43 62-550, www.zentrum-der-antike.de
Römerbrücke ❿
Museum Karl-Marx-Haus ⓫ Brückenstraße 10, 54290 Trier,
Tel. (06 51) 9 70 68-0, www.fes.de/museum-karl-marx-haus
Moselufer Zurlauben ⓭

Mein herzlicher Dank gilt:

Ute Voges und Bernhard Edlmann für die gute Zusammenarbeit; Axel Knopp, Bernd Schneider und Michael Bostelmann für die technische Kontrolle meiner Routen; Klaus Sulzbacher, Lothar Wecker, Lothar Schneider, Dietmar Kurz und Axel Boesen für zahlreiche „Mosel-Tipps“ und Fotos; Willi Probstfeld, Kurt Oblak und allen Fotografierenden für ihre Auswahl an Bildern; den netten Damen aus den Tourist-Informationszentren und nicht zuletzt meiner Frau, die mich bei vielen Recherchetouren begleitet und das Manuskript als Erstleserin überarbeitet hat.

Die GPS-Daten zu jeder Tour gibt es auf www.droste-verlag.de

Konzeption/Satz: Droste Verlag, Düsseldorf

Einbandgestaltung: Britta Rungwerth, Düsseldorf, unter Verwendung von Bildern von © Fotolia.com: Andrey Kuzmin, undrey, dabost, niroworld; © stock.adobe.com: berendoska

Fotos: Jörg Schmitt-Kilian, außer: Christopher Arnoldi: S. 162; Becker Werbung: S. 156; Christoph Bidinger: S. 64; Philipp Bohn: S. 44; Bundesbahnbunker Cochem: S. 33; Inge Faust: S. 43, 50, 79; Ferienland Bernkastel Kues: S. 94, 96, 97; Galerie Eberhardt: S. 100, 102 u.; Maria Gietzen: S. 65; Bettina Manuela Hambuch: S. 114, 119; Christa Jüngling: S. 174; Rüdiger Konzen: S. 147; Dietmar Kurz: S. 126; Artur Lik: S. 120; Lucky Luxem: S. 121; Alexander Löhr: S. 14; Esther Melsheimer: S. 3, 56, 57, 59; Dieter Möhring: S. 54, 80; Mosel-Tourist-information: S. 1; Kurt Oblak: S. 151; Heinz Peierl: S. 35; Willi Probstfeld: S. 21, 23, 102 o., 109, 110/111; Lothar Regolinski: S. 144; Sarah Reuter: S. 15; Carmen Sadowski: S. 38; Wolfgang Schomberg: S. 7, 10, 13, 20, 28, 31, 32, 34, 36, 37, 42, 46 u., 47, 49, 51, 76, 86, 89, 90, 92, 116, 118, 125, 130, 154, 160 u., 165, 168, 173, 180, 187, 188; Gaby Schwabenland: S. 68; Claudia Sippel: S. 74; Klaus Sulzbacher: S. 39, 46 o., 69, 88, 127, 177, 182; Trier Tourismus und Marketing GmbH: S. 185, 186; T. Vollmer: S. 140; Joe Wilbert: S. 122; www.stock.adobe.com: S. 189 (Petair); Zierhut/Weingut Franzen: S. 81

Karten: Thorsten David, Bochum

Druck und Bindung: LUC GmbH, Greven

ISBN 978-3-7700-2325-7

www.droste-verlag.de